Moldeando Vidas

Moldeando Vidas

PRISCILA GOTAY

Moldeando Vidas

Copyright © 2019 by Priscila Gotay. All rights reserved.

No part of this publication may be reproduced, stored in a retrieval system or transmitted in any way by any means, electronic, mechanical, photocopy, recording or otherwise without the prior permission of the author except as provided by USA copyright law.

The opinions expressed by the author are not necessarily those of URLink Print and Media.

1603 Capitol Ave., Suite 310 Cheyenne, Wyoming USA 82001
1-888-980-6523 | admin@urlinkpublishing.com

URLink Print and Media is committed to excellence in the publishing industry.

Book design copyright © 2019 by URLink Print and Media. All rights reserved.

Published in the United States of America
ISBN 978-1-64367-522-0 (Paperback)
ISBN 978-1-64367-521-3 (Digital)

1. Self Help
2. Family
17.05.19

Contents

Introducción 7
Capitulo 1: Despertando Conciencia 9
Capitulo 2: Desenmascarando A Un Monstruo..........17
Capitulo 3: Una Edad Crucial....................................31
Capitulo 4: Un Nuevo Reto. ¡Aceptémoslo!................46
Capitulo 5: ¡La Lucha Sigue! ¡No Bajemos La Guardia!...............53
Capitulo 6: Las Palabras Moldean Realidades............68
Capitulo 7: El Premio De La Constancia 76
Capitulo 8: Consejos Prácticos 81

Conclusión...93
Apéndice 95

INTRODUCCIÓN

La idea de desarrollar esta obra surge en mi cabeza al observar el desbarajuste existente en cuanto a la conducta de los hijos. Es muy preocupante notar cómo muchos niños se les están saliendo de las manos a sus padres y demás personas encargadas de su cuidado, aún en los primeros años de su desarrollo.

Como madre de una hija y de tres hijos los cuales a través de sus vidas me han honrado con su respeto y su disciplina, me siento en la obligación de presentar unas estrategias que utilicé para tratar con su educación, lo cual me dió muy buenos resultados.

Y no sólo esto, sino que ellos a su vez han utilizado más o menos las mismas estrategias, y también están muy satisfechos con la forma en que sus hijos han respondido. Y creo que si estas ideas nos han favorecido por dos generaciones, puede que sean favorables a la educación de otros niños.

No obstante, es importante asegurarse de que su niño o niña no esté sufriendo de algún problema psicológico o neurológico que lo impele a comportarse en forma descontrolada.

El título que escogí para esta obra es *MOLDEANDO VIDAS* y tal vez usted se pregunte: "¿Y de donde vamos a sacar un molde para moldear las vidas de nuestros hijos?

Bueno, esa precisamente es la razón por la que escribo— para presentarles unas ideas que al yo utilizarlas me dieron buenos resultados. Todos sabemos que no todos los niños son iguales. Por lo tanto se requiere la observación y el análisis del caracter de cada uno de ellos en particular, para así poder utilizar el molde correcto.

Aunamos las fuerzas para confrontar ese gran reto: el de MOLDEAR VIDAS.

Capítulo 1

DESPERTANDO CONCIENCIA

Instruye al niño en su camino y aún cuando fuere viejo, no se apartará de él.

(Proverbios 22:6)

Al leer esta cita a lo mejor usted se diga: ¡Ya vienen a meternos la religión por los ojos! Pues al mencionar la palabra Biblia, rápidamente creemos que es cuestión de religión. Pero no quiero que piense que estoy tratando de convencerlos a que sigan alguna religión específica, sino que me propongo a despertar conciencia de que la verdad implicada en esta cita nos puede ayudar a criar hijos con los valores morales y espirituales necesarios para convertirse en ciudadanos dispuestos a comprender la vida difícil que les ha tocado vivir, y a mostrar respeto hacia los demás. O sea: a los padres, los maestros, los familiares, los vecinos, las autoridades, etc., etc.

Todos sabemos que cuando compramos algún artefacto eléctrico, u otras cosas, vienen con instrucciones específicas de cómo tratar con ello. Pero los niños nacen sin un folleto de instrucción. No obstante, existen principios bíblicos que pueden ser de guía en el proceso de la crianza de los hijos.

El problema ha sido que se han confundido los principios existentes en la Biblia con la idea de que son para fomentar alguna religión, y por lo tanto, se ha tratado por todos los medios, de eliminarlos del panorama para evitar conflictos entre las personas que no son religiosas, o en aquellas que tienen diferentes creencias.

Hemos podido ver que cada día se hace más resistencia contra los escritos que son muy favorables a la conducta general del ser humano.

En el pasado, los Diez Mandamientos estaban explícitos en muchos de los planteles escolares aquí, en los Estados Unidos, pero llegó el momento en que se eliminaron de la vista de los alumnos por consideración a personas que no comparten las mismas ideas religiosas que nacionalmente se han practicado.

Y me pregunto: ¿No deben ser esos principios parte de la educación moral del individuo sin importar su posición en cuanto a su sentir religioso?

Como había dicho antes, los niños no traen un folleto con instrucciones en cómo criarlos, no obstante, hay una fuente de principios bíblicos que nos pueden ayudar a levantar hijos con buenos sentimientos tales como *honradez, honestidad, y otras virtudes* que son básicas para el buen funcionamiento en esta vida, y esa fuente es los proverbios de Salomón.

Estos proverbios contienen un caudal de instrucciones para desarrollar el carácter del individuo desde la niñez hasta la vejez, ya que están repletos de consejos sabios que van dirigidos tanto hacia los padres, como hacia los hijos. Uno de estos consejos es el siguiente:

Corrige a tu hijo, y te dará descanso, y dará alegría a tu alma. (Proverbios 29:17) ¡Qué palabras tan maravillosas! No hay felicidad mayor que el tener hijos disciplinados, pero para que eso suceda, debemos de hacer las directrices de Salomón parte de nuestro método de disciplina.

Sin embargo, debo aclarar que algunos de esos consejos pueden resultar controversiales ya que sugieren el castigo corporal. Uno de ellos es el siguiente: *No rehuses corregir al muchacho. Si lo castigas con vara, no morirá.* (Proverbios 23:13-14) Y el otro es el siguiente: *La necedad está ligada al corazón del muchacho, mas la vara de la corrección, lo hará apartarse de ella.* (Proverbios 22:15)

El usar la vara, o la correa, o tal vez la mano para dar una nalgadita a tiempo, es un asunto que preocupa a muchos padres, pero por experiencia propia, debo confesar que es algo que a mí me funcionó. Yo creo que hay momentos en que amerita que se use la vara de la corrección, como dice Salomón. Cuando agotamos todos los recursos y no conseguimos el resultado esperado, hay que demostrarle a los niños que uno está en control.

Pero hay que recordar que debe de ser en su temprana edad, como nos sigue aconsejando Salomón al expresarse de la siguiente manera: *Corrige a tu hijo en tanto que hay esperanza.* (Proverbios 19:18) Al decir que lo *castigue en tanto que hay esperanza*, nos está advirtiendo que va a llegar el momento en que va a ser muy difícil el corregirlo. Pues una vez los hijos llegan a la adolescencia, puede que sea un poco difícil.

Por eso Salomón recalca sobre esto al decir que *el padre que ama al hijo, madruga a corregirlo.* (Proverbios 13:24) Y no quiere decir que se va a levantar a las cinco de la mañana a corregirlo, sino, que lo hará a temprana edad. O sea en tanto que hay esperanza.

Hay momentos en que los muchachos no obedecen por medio de las palabras; entonces amerita que de alguna forma les demos a entender que en ese momento somos la autoridad, entendiendo que debemos cuidarnos de no irnos a los extremos. Todos sabemos que existe la ley sobre el maltrato de menores, la cual fue firmada con el propósito de proteger a los niños y adolescentes que estaban siendo sumamente abusados, no solo en lo físico, sino también en lo emocional.

Esta es la razón por la cual debemos buscar alternativas que sean constructivas, y que estén a tono con lo establecido socialmente para evitarnos contratiempos con la justicia. Una sugerencia de mi parte es el privarlos de algún privilegio, o de algo que ellos realmente disfrutan. Sin embargo, yo usé la vara varias veces, porque creí, que de alguna forma tenía que darle a comprender a mis hijos que yo estaba en control, y esto fue algo que me dio muy buen resultado. Pues para mí, era más favorable que sufrieran un correazo a tiempo, que el tener que verlos sufrir en el mañana de la mano de las autoridades.

Mi experiencia ha sido (y tal vez me acusen de violar esa ley) que la vara usada sabiamente me ha funcionado. Pues tal vez si no la hubiese usado, hubiese tenido que pasar muchos malos ratos con mis hijos. Mas no quiero que piensen que yo les caía a golpes por cualquier cosa, no señor; porque también creo en la educación mediante el diálogo. Era cuando realmente lo ameritaba, que por lo general era cuando habían incurrido en alguna falta de respeto craza, ya fuera dirigida hacia mi persona, sus hermanos o alguna otra persona; pues la falta de respeto no estaba en juego en mi casa.

Es importante saber que si hemos establecido una buena relación con nuestros hijos, ellos nunca creerán que los estemos maltratando, aunque hayamos usado la vara.

En una ocasión mi hija castigó a su niño de diez años en una forma que consideré un poco desmedida; y cuando llegó mi hijo del trabajo, le hice el comentario de lo fuerte que ella lo había castigado; pero el niño me sorprendió con el siguiente comentario:

"Abuela, recuerda que ella no me dio de abuso; lo hizo porque yo le desobedecí."

¿Por qué usted cree que él se expresó de esta manera? Lo hizo por la sencilla razón de que ella tenía buena relación con él. El sabía que ella lo quería mucho, a pesar de que lo castigara.

Si nos dedicamos a humillarlos con palabras denigrantes, fuete por cualquier tontería, y falta de afecto, ellos se sentirán abusados, y quizás van a responder de la misma manera. *Por eso es que hay que dar corrección, pero con amor y comprensión.* Si verdaderamente amamos a nuestros hijos, debemos estar dispuestos a corregirlos para evitarles malos ratos cuando lleguen a la adolescencia

Además de ofrecer consejos a los padres, los proverbios también amonestan a los hijos para que sean librados de muchas cosas, tales como *los vicios, las malas compañías, la mentira, el engaño, el adulterio, el robo, la glotonería, etc., etc., etc.,*.

Si se hace un hábito de que cada día del mes se lea un proverbio comenzando desde el día 1ro hasta el final de cada mes, se habrá leído todo el libro de los Proverbios de Salomón. Si esto se hace un hábito, y se le da seguimiento, esas verdades se fijarán en la mente del muchacho para alejarlo del mal camino.

Los principios en este libro, al igual que en otras partes de la Biblia, pueden ponerse en práctica, sin importar a qué religión pertenezcamos. Mi experiencia ha sido que una vez comencé a aplicar los principios bíblico al proceso de la crianza de mis hijos, se me hizo más fácil el camino.

Además de los proverbios de Salomón, podemos encontrar orientación en la carta del apóstol Pablo a los Efesios donde él exhorta a los hijos, pero también a los padres. El dice lo siguiente:

"Hijos obedeced en el Señor a vuestros padres, porque esto es justo. Honra a tu padre y a tu madre para que te vaya bien y seas de larga vida sobre la tierra." (Efesios 6:4)

Muchos padres cristianos expresan esto a sus hijos de día en día, pero el consejo no se queda ahí, sino que también dice lo siguiente:

"Y vosotros padres, no provoquéis a ira a vuestros hijos, sino criadlos en disciplina y amonestación del Señor." Y en la carta a los Colosenses 3:20 él da el mismo consejo con algo más al decir lo siguiente: *"Padres, no exasperéis a vuestros hijos para que no se desalienten."* Y en el ámbito actual diría:

"Para que su autoestima no se afecte negativamente" Sin embargo, muchos padres se concentran en la primera parte de estos consejos, e ignoran la segunda, que tiene que ver con los sentimientos de sus hijos. Por lo tanto debemos de seguir el consejo del Apóstol Pablo de *no provocar a ira a nuestros hijos para que no se hagan de poco ánimo.*

Con toda humildad, debo de admitir que por no tener esto claro en mi mente cuando tuve mi hija, que fue mi primer fruto, cometí errores al tratar de corregirla. Pues ella fue una niña precoz, y para el tiempo que ella nació, en el lugar donde residíamos, este tipo de niño era mirado con muy malos ojos. Ella era considerada como una niña "presentada" como le llamaban en mi país a un niño que mostraba cualidades de líder.

Pues como me sentía molesta por los comentarios que hacían con relación a ella, muchas veces la castigué duramente por algo que ahora comprendo eran tonterías. Mi única intención era moldearla a lo que los demás consideraban correcto, y esto la convirtió en una niña un poco rebelde, lo cual no me permitía el disfrutar su niñéz al máximo; y unos años después, al reconocer mi error, le pedí perdón. No obstante, al considerar los resultados del *exigir* buen comportamiento en lugar de *guiar al desarrollo* del mismo, me ayudó en la crianza de los demás, especialmente de mi hijo menor el cual nació casi quince años después de ella, y quien también fue un niño precoz.

Y aunque con él utilicé estrategias un poco drásticas para corregir ciertas acciones que consideraba fuera de lo correcto, podía comunicar con él para llevarlo al razonamiento del por qué de la disciplina, además de añadirle a ésta afecto y comprensión.

Si pensamos bien en lo que instruir (como dice la cita clave) quiere decir, nos daremos cuenta de que muchas veces no se instruye, sino que, o se obliga sin dar explicaciones, o no se corrige de ninguna forma. Y ambos extremos son malos.

En mi opinión, esta ha sido una de las razones por las cuales muchos hijos son tan rebeldes, llenos de ira y resentimiento, los cuales no han logrado el desarrollo del dominio propio, que es tan importante en la conducta humana.

El verbo instruir significa impartir conocimiento o destrezas; o el dar órdenes específicas mediante un método sistemático. (Standard Encyclopedic Dictionary) *Esto implica el que debemos crear en los niños unos patrones de conducta específicos y sistemáticos, y una serie de recompensas o sanciones para fortalecer la conducta esperada en una forma constante;* y ésta es la base fundamental del título de esta obra. Pero ¿cual será la edad correcta para comenzar esa instrucción? Definitivamente tiene que ser desde la cuna.

Como madre que soy puedo presentarles algunas de la experiencias que viví mientras me ocupaba en la educación y en la disciplina de mis hijos.

No quiero que piense que he sido una madre perfecta, pues estoy conciente de que también cometí errores. Y estos, a medida que iba pasando el tiempo, me iban ayudando a desarrollar un mejor entendimiento en cuanto a la crianza de los hijos lo cual, en términos generales, me guió a desarrollar unas técnicas que han sido de gran utilidad en su crianza, y que tal vez le puedan ayudar en el desarrollo de una conducta favorable en sus hijos.

Por tal razón me propongo presentar las estrategias que utilicé, que tal vez algunos las consideren fuera de lo común, además de algunas anécdotas, que a lo mejor le suenen jocosas, de las muchas que viví mientras criaba a mis hijos.

El título *MOLDEANDO VIDAS* el cual he escogido para este libro tal vez le suene raro. Pues moldear viene del sustantivo molde. Si usted va a hornear un bizcocho o pastel, va a utilizar el molde que reúna las condiciones para crear el tamaño y la forma que usted desee. Pero la pregunta es: ¿Y dónde conseguiremos el molde deseado para criar nuestros hijos?

Ahí es que está el reto. Pues cada niño es diferente. Por lo tanto debemos de conocer los diferentes caracteres de nuestros hijos, para así desarrollar un método que se ajuste a sus necesidades individuales. Yo soy testigo que en el pasado los medios que utilizaban los padres para la crianza de sus hijos eran considerados insoportables. Uno de ellos era el arrodillar los hijos en algo áspero, como arena, y algunos hasta utilizaban un guayo, o rallo. Esto último no lo vi personalmente; pero mi mamá me decía que en su tiempo era así.

Yo también fui víctima de algunos errores que por ignorancia mi mamá cometió, pero a pesar de que a veces me corregía en una forma drástica, también mostraba un cuidado sobresaliente hacia mí si me enfermaba, además de ocuparse de que mis necesidades estuvieran suplidas.

Ella me guió desde muy pequeña al desarrollo de un sentido de humanismo y de respeto hacia mi semejante, a ser compasiva con los demás, y a respetar la propiedad ajena. Estas, y otras cosas que aprendí de ella, han sido como una torre fuerte en mi vida, que me han ayudado a ser la persona que soy.

Esto también me ha sido de mucha ayuda en la crianza de mis hijos, ya que tomé todo lo bueno de su forma de educarme, y lo mezclé con los principios de la Biblia que tuvieran que ver con la disciplina de los hijos, al igual que algunas de las nuevas técnicas de disciplina que consideraba eficaces, dando como resultado un muy buen método de crianza, el cual no desarrollé de la noche a la mañana, sino que iba madurando en este aspecto hasta lograrlo.

Quiero que sepan que en esta obra presento opiniones personales basadas en las conclusiones a las que he llegado al observar y analizar muchas de las situaciones a las que he sido expuesta, al igual que mis propias experiencias adquiridas mediante el transcurso de mi vida como madre y maestra.

La razón primordial de esta obra es mi inquietud por los niños, que son los que tomarán las riendas del mundo en el futuro. Si su educación no ha sido fundamentada en los valores morales y espirituales que son los que moldean nuestro carácter, ¡pobre de las nuevas generaciones! Por lo tanto es nuestro deber desarrollar en ellos una escala de valores favorables al buen funcionamiento de la sociedad, al igual que una estima propia alta y bien clara.

Los niños deben saber quienes son, y estar seguros de su posición entre lo que es bueno y lo que es malo. Si tienen esto claro, podrán lidiar con las contradicciones de la vida en forma exitosa.

Es mi anhelo que la información que aquí presento, sea de gran ayuda en el proceso de la crianza de los hijos, que son una prenda preciosa que nos han puesto en nuestras manos. ¡CUIDÉMOSLA!

Capítulo 2

DESENMASCARANDO A UN MONSTRUO

Antes de comenzar a presentar mis experiencias relacionadas con la crianza de mis hijos, y las estrategias que utilicé para conseguir el sometimiento a los principios que los llevarían a desarrollar su carácter, me he propuesto presentar unas situaciones, y los resultados de estas, algo que considero importante. Pues si no tenemos claras unas realidades que están afectando adversamente el proceso de la crianza, se nos haría muy difícil lograr el éxito deseado.

No obstante, quiero que tomen la información simplemente como conclusiones a las que he llegado mediante la observación y la evaluación de esas realidades, sumado a lo que dicen las estadísticas tocante a este mismo punto, lo cual me ha llevado a descubrir que existen obstáculos que le ponen freno al éxito en la crianza de los hijos, dando como resultado el desajuste que existe en la conducta de muchos de los niños y jóvenes de nuestra sociedad. Esta amalgama de situaciones se ha convertido en lo que he llamado un *monstruo* al que diariamente tenemos que retar.

¿Y qué armas necesitaremos para confrontar, y vencer a este *monstruo*? Lo primero que hay que hacer es estar concientes de que existen unos factores que están proveyendo para que éste se manifieste, y estar dispuestos a luchar contra ellos. Pues no hay duda de que estos están afectando adversamente el proceso de la disciplina, lo que a través de los años ha redundado en el descontrol de la conducta de un gran número de los niños y jóvenes de nuestra sociedad.

Por eso debemos analizarlos, y evaluar nuestra posición con relación a ellos, para así modificar nuestras actitudes, y enmendar el método que hemos estado utilizando para corregir a nuestros hijos, si es que en alguna forma esto nos toca de cerca.

Para comenzar, debo poner como primer punto el que para que los niños desarrollen cualidades favorables, deben de tener unos modelos constantes a los que ellos querrán imitar.

¿Pero cómo podremos lograrlo si por lo general desde que nacen están siendo expuestos a diferentes formas de conducta? Pues la necesidad ha obligado a los padres a tener que delegar la crianza de los hijos a personas con escalas de valores tan variadas, que ellos no han podido desarrollar una conducta constante. Ellos no saben a quien imitar. Pues muchas veces lo que unos consideran incorrecto, para otros es lo correcto.

Esto también ha estado afectando su identidad como persona, algo que es una necesidad humana. Están turbados, o confundidos, lo cual no sucedía en el pasado. Pues como existía la familia extendida, los niños sentían que pertenecían a un lugar específico donde sus padres y sus abuelos, tíos y primos compartían un mismo ambiente. Y cuando no estaba la mamá, estaba la abuela o la tía, y así sucesivamente, los cuales por lo general, tenían la misma escala de valores.

Pero hoy no es así, sino que la facilidad para moverse de un lugar a otro buscando una mejor vida, nos ha llevado a perder esa relación familiar, que fue tan importante en el desarrollo del carácter de los que ya somos viejos. Esto ha logrado que exista en nuestros niños una falta de consideración y de respeto de unos para con los otros. Pues no hay un modelo a seguir ya que son tantas las personas que han tenido que ver con el desarrollo de su personalidad, que no saben a qué atenerse.

No sólo se ha perdido la relación familiar, sino que la centralización de las escuelas también ha sido un factor negativo en cuanto al control de la conducta de los niños. En el pasado, las escuelas eran más pequeñas y eran parte de la comunidad donde los niños vivían. Esto era muy favorable ya que los padres y los maestros tenían cierto grado de acercamiento.

Los niños sabían que si cometían alguna travesura, no tardaría mucho en que sus padres se enteraran. Y los padres frecuentaban las escuelas para ver cómo sus hijos se estaban comportando, además de darle autoridad a los maestros para corregirlos. Los niños a su vez, tenían sus vecinos como compañeros de estudio, lo cual les servía de seguridad emocional

Además, muchos de los vecinos se apoyaban unos a los otros en vigilar que sus hijos no tomaran el rumbo equivocado. Y aunque pudiera ser que por envidia, o por celos, algún vecino juzgara mal a un muchacho, esa no era la regla, sino la excepción. Pues muchos padres se ponían de acuerdo para ayudarse mutuamente en este aspecto. Pero ya no es así.

No estoy diciendo con esto que en el pasado todo era perfecto; pues esporádicamente surgía uno que otro conflicto, sino que ahora se ha convertido en algo insoportable, e incontrolable. Pero el volver atrás, lamentablemente sería muy difícil.

Sabemos que hoy en día el costo de vida ha ido aumentando hasta el extremo de que ambos padres han tenido la necesidad de trabajar fuera del hogar, lo que los ha forzado a delegar el cuidado de sus niños a otras personas o entidades públicas, lo que muchas veces les afecta su identidad.

Esta inestabilidad que han sufrido nuestros niños, ha causado que muchos de ellos no saben quienes en realidad son. O sea, no se conocen así mismos. Muchos niños no saben de donde vienen, ni para donde van ya que no han tenido un patrón fijo de conducta. Por eso debemos buscar alternativas para lidiar con esta situación.

Debemos de estar concientes de que los hijos necesitan sentirse queridos, y además necesitan sentir que pertenecen a una familia. Por lo tanto hay que hacer ajustes para que haya comunicación entre padres e hijos. De lo contrario vamos a sufrir graves consecuencias.

Como un comentario personal diré lo siguiente: Si el gobierno hubiese legislado desde mucho antes a favor de un salario razonable para el obrero a fin de poder proveer para su familia, ahora no estuviera gastando tanto dinero en cárceles y reformatorios y programas especiales para juveniles. Pues tal vez de esta forma, uno de los padres podría encargarse de los hijos, mientras el otro trabajara.

Algo que decidí hacer para estar más tiempo con mis hijos fue que aunque tuve la oportunidad de trabajar como maestra de inglés en los programas nocturnos y sabatinos, al igual que en los veranos, rehusé el hacerlo, no porque no tuviera necesidad de dinero, pues el dinero nunca está de más, sino pensando que estaría fuera de la casa mucho tiempo. Con esto quiero decirles que a veces hay que sacrificarse un poco para conseguir otras cosas que a la larga, nos traen una satisfacción mayor.

El segundo punto a enfatizar es el siguiente: Muchas veces los padres no se ponen de acuerdo al establecer las reglas y los parámetros que regirán a sus hijos, y esto ha causado el que no han logrado el sometimiento de ellos a los valores que han intentado inculcarles.

Lo ideal sería que ambos cónyuges se pusieran de acuerdo en lo que es permitido o no, y en qué sanciones o recompensas usar para fortalecer la conducta esperada. Si se sigue el consejo del Apóstol Pablo que nos manda a someternos los unos a los otros, tendríamos éxito en la crianza de los hijos. Ojalá pudiéramos seguirlo, pero tal vez la falta de consideración de unos a los otros, no nos lo ha permitido.

En el capítulo 5 de Efesios desde los versos 21-25 y el capítulo 6 versos 1-4, el Apóstol Pablo da unos consejos sabios para el establecimiento de unas relaciones familiares sanas y exitosas. Entre otras cosas él aconseja a las *mujeres a someterse a sus propios maridos porque el marido es cabeza de la mujer*; pero esto puede ser un poco controvercial. He escuchado a algunas esposas decir que ¿cómo se van a someter a un marido que no tiene la cabeza en su sitio?

Bueno, eso es otro cantar. Por eso el consejo de Pablo no se queda ahí, sino que también les dice a los maridos cómo tratarlas a ellas. El consejo es que las *amen tanto como Cristo amó a su iglesia, que fue a tal grado que se entregó por ella* ... ; él manda a que *las amen como a sus propios cuerpos*. Y especifica: *El que ama a su mujer, así mismo se ama*. Así que si el esposo se ama a así mismo, no se haría daño a sí mismo, sino que se cuidaría muy bien; con esa misma intensidad se debe amar a la esposa. Si la esposa se siente feliz, lo más probable es que funcione bien en todo el sentido de la palabra. Así podrá ser una mejor esposa y madre.

Además de hablarles al matrimonio, Pablo aconseja a los *hijos a que se sometan a sus padres;* pero además le dice a los padres *que no los provoquen a ira, sino que los disciplinen y los amonesten en el Señor.*

¿Y cómo será que un hijo se puede provocar a ira? Esto es algo muy delicado de explicar. Pues puede ser que se confunda el ser firmes y constantes con el provocarlos a ira. Por lo tanto debemos de conocer la diferencia. Cuando al muchacho se corrige con firmeza pero utilizando palabras que lo lleven a la comprensión del mensaje que se le quiere transmitir, ellos tenderán a aceptarlo, aunque por el momento se noten disgustados.

Yo experimenté esto con mis hijos al prohibirles algo; pero luego venían donde mí y me decían: "Mami, tú tienes razón." Esto me daba a entender que ellos habían analizado lo que les había dicho, lo habían evaluado, y habían llegado a la conclusión del por qué del mensaje. Mas si por el contrario les pegamos por cualquier tontería, o usamos palabras humillantes, los hijos tenderán a rebelarse, pues se le está faltando al respeto.

Y volviendo a lo del sometimiento. Si analizamos los consejos que nos da el Apóstol Pablo, *nos daremos cuenta de que la base de los problemas de conducta que confrontamos de día en día muchas veces estriba en la falta de sometimiento de unos a los otros en las relaciones familiares.*

Si los hijos ven una relación favorable entre sus padres, hay mayor probabilidad de que estos también se sometan a ellos. Y este sometimiento producirá armonía entre las partes, redundando en felicidad para todos.

Es triste ver que aún en algunos hogares que profesan ser cristianos, se hayan salido de este principio, y esto haya provocado el que tantos jovencitos al llegar a cierta edad, se les salen de las manos a sus padres, incurriendo así en una conducta desviada. La falta de sometimiento de unos a los otros puede llevarnos a que nuestras acciones se conviertan en un círculo vicioso, ya que una actitud lleva a otra, y esa lleva a otra, y así sucesivamente hasta el punto de parecer que nunca llegaremos a un entendimiento.

Como tercer punto presentaré otra de las realidades que también ha provocado una reacción en cadena, y es el que muchos padres fueron víctimas del maltrato cuando eran niños, y ellos a su vez se han convertido en padres que usan de violencia para conseguir el sometimiento de sus hijos.

Verdaderamente esta es una triste realidad, ya que se han registrado muchísimos casos, hasta de muerte, por maltrato corporal. Y no sólo el maltrato corporal está destruyendo vidas, sino también el maltrato psicológico. Este es el causante de que muchos jovencitos se entreguen a cualquiera que les brinde un poco de amistad, de cariño y de comprensión, que por lo general los lleva a rendirse al ofrecimiento de una posible puerta de escape, que más tarde los conducirá a un abismo tan profundo, del cual les será difícil salir.

Pues tratando de escapar de la realidad que les ha tocado vivir, por la rebeldía de unos padres que fueron producto de lo mismo, y que no llegaron a sanar esas heridas de la niñez, caen en vicios, u otras conductas desviadas. Y estos hijos, tal vez tendrán la tendencia a convertirse en lo mismo que sus padres.

No obstante, podría darse el caso de que los padres que fueron maltratados en su niñez, se muevan al otro extremo: el de la indulgencia. Pues al tratar de evitar que sus hijos sufran lo que ellos sufrieron, se convierten en padres permisivos y complacientes, lo cual les da la base para hacer lo que deseen, sin medir las consecuencias.

Estos también corren el riesgo de caer en la delincuencia, ya que no están siendo guiados al desarrollo de su carácter. O quizás no caigan en la delincuencia como tal, pero van a experimentar muchos problemas en sus vidas por no tener la disciplina necesaria para enfrentar las exigencias de la sociedad; pues por lo general son irresponsables y descuidados.

Estos pobres muchachos, como no han desarrollado una escala de valores clara, que es lo que los puede llevar a vivir vidas llenas de satisfacción personal, tendrán que experimentar una insatisfacción que los llevará a la frustración, si es que no enmiendan su estilo de vida.

El cuarto punto tiene que ver con aquellos padres que desean que sus hijos tengan todo lo que ellos no pudieron tener en su niñez.

Estos padres, tal vez sin mala intención, han decidido sacrificar el cuidado, la educación y la disciplina de sus hijos para trabajar largas horas, lo cual puede llevar a los hijos a convertirse en jóvenes arrogantes; pues como pueden lucir buena ropa, equipos electrónicos caros, y tal vez un carro, consiguen la admiración de otros jóvenes basada en lo material; pero sus valores son bajos.

Aunque estemos en la posición de proveerles todo lo que ellos deseen, debemos enfatizar que el poseer muchas cosas no debe de tomar la prioridad, sino el desarrollar las destrezas necesarias que los capacitarán para adquirir el dinero, y a la misma vez aprenderán a utilizarlo inteligentemente. Pues si no se aprende a manejar el dinero sabiamente, podemos caer en la miseria.

Ellos deben de estar concientes de que hay algo más importante que las cosas materiales. Hay que ayudarles a discernir qué debe de tomar la prioridad en la vida: el poseer muchas cosas, o el ser buenos, honrados, responsables y respetuosos.

El proveerles a los hijos cosas que no son de primera necesidad, o algunos privilegios, puede usarse como una estrategia poderosa para conseguir una conducta favorable. Yo creo que hay cosas que ellos deben adquirirlas si se las merecen. Pues si les damos todo lo que ellos desean aunque no estén cumpliendo con unos requisitos, o unas responsabilidades, les puede crear problemas serios en el mañana, ya que no van a poder desarrollar el sentido del valor de las cosas.

Algo que también está afectando adversamente la crianza de los hijos, es el que algunos padres se concentran en que ellos sobresalgan en todo; y esto es bueno.

Sin embargo, esto se puede convertir en una espada de dos filos. Pues por la sed de verlos triunfar, muchos padres no se percatan de que sus hijos están consiguiendo el triunfo por medios ilícitos. Como por ejemplo: el estudiante que se copia para tener calificaciones sobresalientes; o los que jugando hacen trampa para ganar. Pero sus padres están tan ofuscados en su triunfo, que no se percatan de lo que pudiera estar sucediendo con ellos.

Tal vez estos muchachos llegarán a ser grandes profesionales, pero sin unos valores para respetar las reglas de ética de su empleo; o el que se convierte en un atleta sobresaliente por medio de ingerir productos que les van a ayudar a tener mayor rendimiento, que por lo general redunda en un acto vergonzoso más adelante.

Hay que desarrollar en los niños el sentido correcto de la competencia. Debemos ayudarlos a aprender a ser buenos perdedores. Pues en la competencia, no todos van a ganar. Pero al que le tocó perder, debe de ser suficientemente maduro para aceptar la derrota. No obstante se deben de animar a superarse por medios legítimos, para que se sientan orgullosos de sí mismos. Pues el triunfar por medios ilegítimos tal vez los haga sentirse bien por el momento, pero no tendrán reposo al pensar que algún día la verdad de los hechos podría salir a la luz pública.

Otro extremo que ha sido contraproducente en el desarrollo emocional de los niños ha sido el que algunos padres cuando niños fueron muy mimados por sus padres; pero que en un momento dado tuvieron que salir de ese ambiente por razones ajenas a su voluntad.

Puede ser que a los padres con este tipo de inquietud, los haya invadido el desaliento a tal grado, que cuando tienen sus hijos, no les muestran mucho afecto, tratando de evitar que a ellos les suceda lo mismo.

Estos son los hijos que buscando amor y afecto, lo cual es una necesidad básica, puede que terminen en otros regazos. Tal vez caigan en la promiscuidad sexual, u otros desajustes sociales. O a lo mejor se mueven al otro extremo, el de rehusar aceptar el amor y el afecto de los que le ofrecen un poco de estos.

También están los padres, que tratando de agenciar mucho dinero para dejarle un futuro a sus hijos, han descuidado la comunicación con ellos.

La comunicasión entre padres e hijos no debe de ser suplantada por nada, ya que esto ha traído desgracia a un sin número de nuestros jóvenes. Aunque no tengamos mucho que decirles, con sólo escuchar lo que ellos tienen que decirnos, muchas veces es suficiente. Evaluemos lo que ellos nos tratan de comunicar. Y si no tenemos una respuesta, busquemos información. Pues va a llegar el momento en que desearíamos hablar con uno de ellos, y ya no estará. Lo material, se termina; pero las relaciones personales con la familia deben ser permanentes, ya que estas son las que mantendrán la unidad familiar.

Este asunto puede que afecte a unos de una forma, y a otros de otra. Conozco un caso de dos hermanos cuyo padre fue un trabajador sin tregua. A uno de los hijos esto no le afectó en nada ya que él fue suficientemente maduro para establecer unas metas que alcanzó por sus propios esfuerzos.

Este se convirtió en un doctor en educación. Luego contrajo matrimonio y tuvo sus hijos. Con este, todo está bien. Sin embargo su hermano se convirtió en un alcohólico. Y un día confrontó a su padre con unas palabras muy dolorosas. Entre otras cosas le dijo: "Yo no quería cosas materiales, yo te quería a ti, pero cuando más te necesitaba, tú no estabas." Por eso es que hay que estar conciente de las necesidades de los hijos, que no necesariamente tienen que ser materiales.

Además de éstas, existe otra situación y es que hay demasiado de muchos niños naciendo de padres adolescentes, que quizás hayan sido el producto de lo mismo.

¿Y qué otra cosa se podría esperar sino una conducta desajustada? Lo triste del caso es que muchas veces está fuera de nuestro alcance el hacer algo para aliviar esta situación, lo cual ha dado como resultado problemas de conducta muy severos; y las instituciones gubernamentales no dan a basto para ayudar a la erradicación de este problema. Por lo tanto, muchos de estos niños están cayendo en la delincuencia juvenil. Pues padres inexpertos, producirán hijos desajustados.

¿Y qué usted cree de los niños que han sido marginados por sus propios padres? Esta podría ser otra causa de indisciplina.

Pues por lo general se espera que todos los niños sean iguales, pero no es así. Cada niño es un ente diferente. En un hogar puede ser que haya un hijo muy tranquilo, inteligente, y respetuoso, y sobre todo muy obediente. Pero también puede que haya otro todo lo contrario. Y se les oye decir a sus padres: "Muchacho, por qué no eres como tu hermano?" O tal vez no se dice en voz alta, pero la diferencia en el trato hacia ellos, deja dicho que se aprecia a uno, más que al otro.

No podemos esperar que todos los hijos sean iguales. Lo que debemos de hacer es evaluarlos y ver las virtudes de cada cual; porque todos tenemos virtudes, al igual que defectos. Y por lo general perdemos el privilegio de disfrutar las virtudes de nuestros hijos, porque nos concentramos en sus defectos. Y muchas veces se le pone un sello: "Este muchacho es terrible." O "Este no sirve para nada." y comentarios así por el estilo, que a veces redundan en el mal comportamiento.

Cuando un hijo se siente inferior a otro, pueden suceder dos cosas: o que se convierta en una persona tímida e introvertida, considerándose inferior a los demás debido a su baja autoestima, o que trate de buscar la atención de los demás utilizando el mal comportamiento.

Por lo tanto, debemos tratar por todos los medios, de que nuestros hijos se sientan con igualdad de derechos, reconociendo que aunque son diferentes, todos tienen el mismo valor para nosotros. De lo contrario su autoestima se verá afectada.

Y el último punto a discutir, que considero está impidiendo que muchos padres tomen el total control de la conducta de sus hijos, es la Ley Contra el Maltrato de Menores.

Esta ley ha sido necesaria para proteger a los niños que están siendo maltratados; pero los niños la conocen, y muchos de ellos la están usando para amedrentar a sus padres. Este asunto ha llevado a muchos de los padres, (especialmente si son indocumentados) a dejar que los hijos se vayan por la tangente. Pues al ellos decirles que los van a reportar a las autoridades si los castigan, se sienten atemorizados, hasta caer en la desesperación al ver cómo sus hijos se van desviando de los principios que ellos les han tratado de enseñar; y a la misma vez están muy preocupados por lo que les pudiera suceder, si toman cartas en el asunto.

El resultado de esto ha sido el que muchos niños están haciendo lo que les da la gana, y los padres ya han perdido la autoridad sobre de ellos. En otras palabras, la ley que se supone proteja a los niños, está siendo en parte, contraproducente.

Yo estoy muy de acuerdo con esa ley, pero vamos a tener que aclarar lo que es verdaderamente maltrato. Tengo entendido que la ley no ha sido diseñada para prohibirle a los padres el darle una nalgada a tiempo al muchacho, sino para prevenir que haya maltrato desmedido, tanto corporal como psicológico. En mi opinión este último es muchas veces peor que el castigo corporal, porque este afecta adversamente su autoestima, la cual es difícil de restaurar.

En mi propia opinión, el peor maltrato que se le puede dar a un niño, es el no corregirlo a tiempo. Pues si no desarrollamos técnicas para disciplinarlos, ellos en el mañana serán víctimas del maltrato que la vida les depone.

El que se hayan ido a los extremos con relación a esta ley, tal vez sea una de las causas del desajuste en cuanto a la disciplina de los hijos; pues muchos de ellos no muestran respeto hacia las autoridades. No respetan a sus padres, sus maestros, ni a los encargados del orden público.

Las cárceles están abarrotadas de jóvenes que por no haber desarrollado carácter y responsabilidad, han incurrido en delincuencia. Y no solo esto, sino que hay muchos de ellos en las calles cometiendo fechorías diariamente. Por eso tuve la fuerza de carácter necesaria para no permitir el que se me intimidara con esa ley.

Cuando uno de mis hijos tenía solamente ocho años, incurrió en una travesura, y cuando me disponía a castigarlo me dijo: "Mira que hay una ley que castiga a los padres que castigan a sus hijos." Pero no perdí tiempo al contestarle: "A mí tú no me amedrentas con esa ley, porque yo te rompo una pata, y luego me entrego a la policía. Porque prefiero romperte una pata yo, y no llegar al extremo de que el policía te raje la cabeza cuando seas grande."

Esta fue una exageración de mi parte. Pues no le iba a romper nada, sino que tuve que darle a entender que yo estaba en control. Y créanme que nunca más lo escuché repetir lo mismo. Por el contrario, cada día que pasaba, era más y más disciplinado.

Al leer esta información, creo que han podido notar las reacciones en cadena con relación a la conducta. Vieron como una situación puede llevar a otra, provocando así un ambiente de confusión que ha redundado en el mal comportamiento de los hijos. ¿Y cómo podremos romper ese círculo vicioso? Ahí es que está el problema.

No es lo mismo mirar la situación desde afuera, que el estarla viviendo en carne propia. Comprendo que si ya esas relaciones familiares se han convertido en una crisis, va a ser difícil arreglarlas, pero no imposible. Y recuerde que lo que es imposible para el hombre, para Dios es posible.

Cuando mis hijos estaban cerca de la pubertad, al mirar a mi alrededor y ver cómo muchos de los muchachos, (incluyendo muchos que se habían criado en alguna de las iglesias de la comunidad) iban cayendo en los vicios, no tuve otro remedio que recurrir al que me había dado el privilegio de ser madre, y hablé con Él y le dije:

"Señor, Tú has podido mirar y ver cómo se derrumba nuestra juventud. Ahora te pido que, como hiciste al rey Salomón cuando te pidió sabiduría para dirigir aquel pueblo, que hagas lo mismo conmigo para continuar criando a mis hijos de tal forma que no lleguen a ser delincuentes, pero tampoco unos enfaldados que no sepan manejar la vida en una forma normal."

Sé que esta oración fue contestada, porque se me ocurrirían unas estrategias que me ayudaron a desarrollar un método de disciplina muy favorable al desarrollo de los valores morales y espirituales que les quería inculcar a mis hijos.

Muchos padres han delegado el desarrollo de los valores a la iglesia, y a la escuela, y no han tomado el tiempo para hacer su parte. Yo personalmente creo que esos valores deben ser desarrollados en el hogar desde los comienzos de la vida de los hijos, y fortalecidos por la iglesia y la escuela. Es por eso que la tesis planteada en este libro, va dirigida a despertar conciencia de que hay que comenzar a temprana edad; o como lo expresé al principio—desde la cuna.

Hay que inculcarles los valores y los principios necesarios para el desarrollo de la personalidad a temprana edad, para que éstos se fijen en su espíritu, a fin de que puedan salir victoriosos en el manejo de sus vidas cuando lleguen a adultos; y además velando que los valores que les queremos inculcar, estén fortalecidos por nuestro modo de vida. Pues pesa más lo que se hace, que lo que se dice.

Debemos sentarnos con ellos y explicarles los principios que los guiarán a ser personas dignas de respeto por su modo de actuar. *Personas con un carácter de honestidad, honradez y consideración por los demás,* lo cual redundará en reposo. Pues no hay nada que produzca más satisfacción, que el poder dormir tranquilos, sabiendo que nuestros hijos están en buenos caminos.

Aunque no me considero una autoridad en psicología, ni en sociología, las estrategias que utilicé para ayudar a mis hijos a desarrollar su carácter, me han servido de base para la formulación de esta obra, con la cual me propongo orientar a aquellos que estén buscando una respuesta a sus inquietudes relacionadas a la crianza de los hijos.

Esta información más bien va dirigida a aquellos padres que están comenzando la crianza de sus hijos. Pues si desde temprana edad los instruimos en el camino, como dice el texto clave, podremos evitarnos muchos disgustos; y así nuestros hijos estarán capacitados para lidiar con la vida que les ha tocado vivir.

No obstante, aunque ya sus hijos hayan llegado a la adolescencia con malas actitudes, se puede tratar de restaurarlos. El pedirles perdón es muy poderoso. Varias veces tuve que hacerlo al considerar que había sido injusta en lo que hice o dije al tratar de disciplinar a mis hijos. El hacerlo, me llevó a conseguir su respeto, y el que me pidieran perdón, si en algún momento habían incurrido en alguna falta.

No quiero decir con esto que le pedía perdón por lo que les había exigido, pues en el desarrollo del caracter de los hijos hay que ser firmes y constantes. Lo hacía si notaba alguna injusticia de mi parte. Pues a veces nos precipitamos a disciplinar sin habernos cerciorado de la verdad de los hechos.

Si usted ha notado que de alguna forma ha sido injusto, o injusta con sus hijos, sea suficientemente humilde para pedirles perdón, y así sentar unas bases para comenzar a mejorar esas relaciones que tal vez por años han sido afectadas. Además debemos de tener la paciencia necesaria para esperar un cambio, que tal vez no se dará de la noche a la mañana; pues el cambio de conducta no se da de inmediato.

Esto me trae al recuerdo una experiencia que viví en una de las escuelas donde trabajé. La persona que me asistía en mi trabajo tenía tres hijas, pero según ella, la del medio, que ya tenía quince años, le estaba dando cierto grado de problemas. Y cierto día, mientras almorzábamos en el comedor de la escuela, la muchacha se le acercó para decirle algo, pero de momento la mamá comenzó a regañarla en voz alta en mi presencia.

Al la muchacha alejarse, me le acerqué a la señora y le dije: "Perdone mi franqueza, pero no debió regañarla en esa forma delante de una persona extraña, porque eso puede crear mayor rebeldía en ella." Y aproveché para recordarle que desde que habíamos comenzado a trabajar juntas, ella siempre tenía algún comentario negativo que hacer de esta hija en particular, lo cual podía ser la causa de que ella le estuviera dando tanto problema.

También le aconsejé que no debía compararla con sus otras dos hijas, (pues desde que nos conocimos, la había escuchado hacer comentarios de lo diferente que era ésta, de las otras dos) porque esto pudiera ser la causa de su comportamiento. Y esta humilde señora se dejó guiar por el consejo que le di, y comenzó el proyecto que duró algún tiempo, pero le dio muy buen resultado. Pues poco a poco su hija fue cambiando sus malas actitudes y se convirtió en todo una mujer.

No he presentado esta historia para gloriarme, sino para que sepan que nunca es tarde para cambiar actitudes, pero se requiere el reconocer en qué estamos fallando, y humildemente tratar con el caso usando de sabiduría.

El propósito de haberles presentado este capítulo con esta información, es para que comprendan a lo que estamos expuestos de día en día. Estamos frente a lo que he llamado un *monstruo* el cual ha sido formado por toda esa amalgama de situaciones que les he presentado, y tal vez hayan otras a las que no he hecho referencia. ¿Y cómo podríamos batallar contra éste?

Esta es la razón por la que he escrito: para que vean la forma en que batallé hasta salir victoriosa. Tal vez usted no necesite esta información, ya sea porque no tiene hijos, o porque ya terminó con la crianza. No obstante le puede servir de ayuda para orientar a otros que estén atravesando por situaciones similares a las que se discuten en esta obra.

¡Aunemos nuestras fuerzas para enfrentar el reto que tenemos por delante!

Capítulo 3

UNA EDAD CRUCIAL

Como había expresado anteriormente, el instruir a los niños debe de comenzar en la cuna. Si observamos a muchas de las especies de animales, podremos notar que ellos se mantienen muy cerca de sus crías. Ellos los alimentan con mucha dedicación, y hasta juegan con ellos. Además de esto, están dispuestos a defenderlos de cualquier peligro que les asedie; pero a la misma vez los van guiando hacia la independencia. Sin embargo no está ocurriendo así con muchos de nuestros niños. Por lo tnto, es inminente conocer las etapas de desarrollo de los niños para así estar capacitados para lidiar con el desarrollo de su personalidad en forma adecuada, hasta lograr que ellos lleguen a su edad adulta con madurez.

El desarrollo de los niños se da en etapas. El período de tiempo desde que el niño nace hasta más o menos los seis años es crucial en el desarrollo de su personalidad. Durante esta etapa ellos absorben todo lo que sus sentidos pueden acaparar. Como durante esta etapa ellos no tienen la capacidad de analizar ni de evaluar lo que oyen o ven, queda de nuestra parte el guiarlos hacia el desarrollo de los valores morales y espirituales que los capacitarán para lidiar con la vida en forma aceptable.

Si no aprovechamos esos años para guiarlos hacia el desarrollo de su carácter, el proceso de su crianza se convertirá en una odisea, ya que el desaprender es más difícil que el aprender. Quiero decir con esto, que si se han fijado en ellos unos patrones de conducta equivocados desde un principio, se les hará muy difícil el tener que eliminarlos, para adquirir nuevos patrones.

Hoy en día tenemos que darnos prisa en establecer los patrones de conducta deseados, debido a que ahora la mayoría de los niños entran a la escuela desde los cuatro años. Tiempo atrás teníamos un poco más de tiempo, ya que ellos entraban a la escuela más tarde. Por eso es crucial el comenzar bien temprano, para que al llegar a la escuela ellos hayan desarrollado una escala de valores favorable lo cual les dará firmeza de carácter y seguridad emocional, que son las cualidades que les ayudarán a sentirse capacitados para tomar decisiones sabias.

¿Y cómo se podrá lograr esto a tan temprana edad?

Bueno, no crea que estoy diciendo que es fácil. Pero hay unas ideas que deseo abordar, siendo la primera de ellas el satisfacer la necesidad afectiva que es crucial en el desarrollo de la personalidad. Para que esto ocurra debemos de reconocer que la hora y la forma de amamantar a nuestros niños debe considerarse la mayor prioridad en el comienzo de su desarrollo emocional.

En los últimos años se ha venido fomentado el que las madres amamanten los bebés en forma natural, por razones muy poderosas. El hacerlo así contribuye al desarrollo de seguridad emocional en los niños. Sin embargo, para muchas madres esto ha sido imposible, ya que ellas trabajan, y se les hace difícil el hacerlo. ¿Pero cuál sería la alternativa a seguir?

Aunque nada sustituiría el amamantarlos en esta forma, podemos utilizar los medios artificiales que el mercado nos ofrece. No hay nada de malo en eso. El problema surge cuando en lugar de tomarlos en la falda, le calzamos el biberón con una almohada, y los dejamos alejados de nuestro regazo. La hora de la alimentación debe de ser un momento de satisfacción tanto para el bebé, como para la madre.

El niño tiene que sentirse amado desde el vientre, ¿Cuánto más al nacer? Por lo tanto debemos de tomar en consideración la importancia que tiene el tomarlos en los brazos para alimentarlos mientras son bebés, ya sea para darles el pecho, o el biberón.

Si la necesidad afectiva de los niños es satisfecha, producirá en ellos un sentido de seguridad y de amor que los puede llevar a ser hijos seguros de sí mismos; algo tan necesario para el desarrollo de un caracter maduro.

Yo fui criticada varias veces porque no dejaba llorar a mis hijos. Pues estaba muy alerta a las señales que ellos emitían cuando necesitaban el ser atendidos. No sé cómo, al ellos moverse en la cuna durante la noche, me despertaba y me levantaba para alimentarlos, o para cambiarles el pañal, antes de que comenzaran a llorar. Aunque fui criticada por hacer esto, siempre lo hice, pues no me daba el corazón para dejarlos llorar por un rato.

Si lo hice bien o mal, no estoy segura, pero sí estoy segura de que no tuve niños llorones en mi casa. Pues nunca permitía que se desesperaran y gritaran para conseguir el ser atendidos, y esto tal vez ha sido la razón por la cual tuve éxito en este sentido. Pues no les daba la oportunidad de conseguir el ser atendidos mediante el llanto.

Es sabido que la estrategia más común que los niños utilizan para dominar el ambiente es esa. Si ellos se dan cuenta de que llorando consiguen lo que quieren, esa será su arma poderosa.

No obstante, aún usando esta estrategia, los míos, cuando ya eran capaces de chantajear, a veces venían con lloriqueos para conseguir algún deseo, pero les decía que mientras me hablaran en esa forma, no conseguirían nada. Así pude lograr el que ellos me hablaran claramente para conseguir lo que querían.

Ah, y también conocían cuando la respuesta era "No". Pues siempre les daba una explicación del por qué del "No", lo cual aceptaban, aunque probablemente por dentro estuvieran molestos. Pues esto es normal en ellos. Pero queda de nuestra parte el comprender que aunque por el momento se sienten molestos, llegará el día en que comprenderán que todo se ha hecho por su propio bien.

Otra forma en que podemos ayudarlos a sentirse amados y seguros es mediante el compartir con ellos diariamente. Hay que cogerlos al hombro mientras sean bebés y jugar con ellos, y además hablarles en esa primera etapa de sus vidas. El hablarle a los niños desde que nacen, es muy favorable a su desarrollo cognitivo.

Hoy en día se fomenta el que eso se haga, pero cuando yo estaba criando mis hijos, el hacer algo así era considerado absurdo. Pero no sé por qué, y a pesar de las críticas, se me ocurrió hacerlo; y no me arrepiento, pues mis hijos podían hablar claro desde sus comienzos.

¿Y en qué forma lo logré? Mientras los bañaba les iba diciendo la parte del cuerpo que les iba a lavar. Al vestirlos les mencionaba el nombre y el color de la pieza que le iba a poner. Al alimentarlos, le mencionaba el nombre de lo que iban a comer, y si estaba frío o caliente, y así sucesivamente.

Cuando ya caminaban, si les pedía que me trajeran algún objeto, les mencionaba el color, y qué cantidad quería, al igual que el lugar y la posición del objeto que fuera, en oraciones cortas, pero completas. Y de esta forma les enseñé las destrezas básicas del desarrollo académico.

Además de hablarles, ellos tenían acceso a libros infantiles con historias cortas e ilustradas, con las que ellos aprendieron otras destrezas necesarias para su desarrollo intelectual. ¿Y cuál fue el resultado de este método? Pues, al comenzar a asistir a la escuela, no tuve la lucha que tuvieron otras madres para enseñarles los colores, a contar, las posiciones, el abecedario y otras destrezas que los míos habían aprendido en el diario vivir.

Aún teniendo el tiempo limitado, debemos de buscar la forma de sacar un ratito para acercarnos a nuestros niños. Pero por lo general los mantenemos alejados. Pues el modernismo nos ha hecho inconcientes de ello. Es más fácil llevar los niños en un coche que llevarlos al hombro, no hay duda de eso. También es más fácil echarlos en el corral, o ponerlos en el andador, o en cualquiera de las comodidades de hoy en día, algo de lo que no estoy en contra; pero estas comodidades nunca deben sustituir el regazo de una madre, o de un padre en su totalidad.

Otro aspecto relacionado al bienestar de los niños es el protegerlos de tantos peligros a los que están siendo expuestos a diario. Uno de ellas es el abuso, ya sea físico, psicológico o sexual, (y a veces los tres a la misma vez) por alguna persona inescrupulosa; o peor aún, por sus propios padres, o algún familiar cercano.

Muy a menudo, nos enteramos de tantos de ellos que sufren por el descuido de sus padres. Y es verdad que se han dado casos de niños de padres responsables que han caído en desgracias, pero por lo general no es así.

Hay que despertar a esta realidad. Hay que tener un poco de malicia para que estas cosas no sucedan. Está comprobado que los traumas que sufren los niños en su temprana edad, les afectará por toda la vida. Ellos son muy ingenuos e inofensivos, y queda de nuestra parte el protegerlos constantemente.

Otra de las necesidades del niño que debe de ser suplida desde sus comienzos es el sentirse respetados, lo cual los ayudará a mostrar respeto hacia los demás. ¿Y cómo lo podremos lograr? Esto puede darse de diferentes maneras. Una de ellas es el proveerles el derecho de pertenencia. Es de muy mal gusto que usted tenga algo, y venga otra persona a usurparlo simplemente porque es más pequeño, o tal vez más grande que usted. ¿Pero cuándo se debe comenzar a establecer justicia y respeto entre los miembros de la familia? Pues desde que los niños den sus primeros pasos.

A través de toda la vida he visto que por lo general, el hijo menor es tratado con más privilegios que los mayores. Y cuando el menor coge algo de su hermano, se les oye decir a sus padres: "Deja que lo coja, que él más chiquito" Y a veces acompañan esa expresión con palabras humillantes.

¿Cree usted que este último podrá ser feliz? Definitivamente no. Pues se le están violando sus derechos. Y el menor va a desarrollar la mentalidad de que él está en control, proveyendo así para la discordia entre hermanos. Hay hermanos que han sido rivales por toda la vida. Pues tal vez sus padres, por ignorancia, cometían injusticias con ellos por banderizarse hacia uno en particular

La justicia provee para el desarrollo de un ambiente saludable, lleno de amor y de buena voluntad, que es una de las formas de desarrollar en ellos seguridad emocional. Si sus derechos son violados, no podemos esperar otra cosa, sino discordia y conflictos.

Ellos deben de estar concientes de que la falta de respeto y de consideración hacia los demás no se tolera. Y ese respeto debe ser igual para todos. Si tratamos a nuestros hijos con respeto, y velamos que ellos entre sí se respeten, mostrarán respeto hacia nosotros, al igual que hacia las demás personas.

Yo no permitía de ninguna manera que algún niño del vecindario entrara en mi casa y tomara alguna cosa que perteneciera a mis hijos, si ellos no estaban presente. Aparentemente esto era ser desagradable, pero yo me decía: "Si lo permito, estoy demostrándole a mis hijos que soy una hipócrita al exigirles a ellos respeto hacia la propiedad ajena, mientras permitía que sus pertenencias no fueran respetadas."

En una ocasión fui a visitar a una señora que tenía un niño más o menos de la edad de mi tercer hijo. Al llegar, mi niño, que solamente tenía tres años de edad, se dirigió hacia donde el de ella estaba jugando. Ellos empezaron a compartir muy bien. Pero la señora me dice: "Cuando te vayas a ir me parece que va a haber guerra". Y al preguntarle el por qué, me dijo: "Porque tu nene tiene el juguete del mío y a lo mejor no lo querrá soltar."

"¿Tu crees así? Ya tú verás lo que va a suceder." Fue mi respuesta. Al llegar el momento de irnos le dije a mi hijo: "Abi, ya nos vamos." Al oírme, soltó el juguete y me tomó de la mano para salir. La señora se quedó maravillada, ya que su experiencia con este asunto había sido diferente. Mi hijo sabía que ese juguete no era suyo, por lo tanto no sintió el deseo de apoderarse de él.

El desarrollar en los niños el sentido de consideración de unos a los otros, los llevará a ser buenos ciudadanos en el futuro. Hay que ayudarlos y guiarlos para que esto suceda, de lo contrario será un desastre. Pues al nacer, lo que traemos desarrollado es el instincto de conservación, y es por eso que los niños tienden a acapararlo todo. Ellos son celosos, egoístas y ambiciosos.

Esta es la razón por la cual los padres tenemos la obligación de analizar todas sus acciones, y estar dispuestos a corregirlos, y a instruirlos en el camino correcto, basado en una escala de valores favorables al mejor funcionamiento de la sociedad en la cual van a vivir.

Los niños deben de saber hasta dónde pueden llegar, pero también hay que darles su espacio, y la oportunidad de expresar sus deseos y necesidades. Además hay que darles a entender que sus deseos tienen que estar basados en unas regulaciones diseñadas para el buen funcionamiento de la familia en general, a fin de crear un ambiente donde el respeto y la comprensión sean la orden del día. Desde que nacen hay que comenzar a establecer esos parámetros.

Todos sabemos que los niños no se dan por vencidos fácilmente. Ellos tratarán durante su desarrollo, de llegar a tener su propio estilo de vida. Como les dije al principio, tuve una hija y tres hijos, pero los cuatro eran diferentes uno del otro. (Esto no es nada raro, pues por lo general los niños son así) Con algunos de mis hijos no tuve que hacer mucha fuerza, pero con otros sí. No obstante, siempre me aseguré de que las reglas del hogar se cumpliesen.

Mis reglas estaban basadas mayormente en lo que podría llevarlos al éxito en las relaciones personales; algo que está basado en el amor a Dios y al prójimo, lo cual se reflejará en el respeto mutuo y el respeto a la propiedad ajena, que son valores que van a la par.

Algo que era esencial para mí era el cómo mis hijos se trataban entre sí. Por lo tanto la regla era que debían mostrar consideración unos al los otros, sin importar si era mayor o menor. No obstante había momentos en que alguno se salía de la regla, pues como niños al fin, actúan como tal. Pero ese conflicto no duraba mucho, pues siempre estaba dispuesta a ayudarlos a resolver el problema que fuera antes de que se convirtiera en una guerra. Pero para que esto sucediera tuve que establecer la justicia.

Cuando mi hijo menor tenía cinco o seis años, el televisor de su hermano se había averiado, y no tuvo otro remedio que irse al cuarto de nosotros, donde el menor veía televisión. Esto provocó un conflicto de intereses entre ellos. Yo estaba en la cocina, y al escuchar la lucha que tenían con relación a los programas, me les aparecí al cuarto, y les dije: "¿Qué está pasando aquí? Y el menor me dice: "Es que yo quiero ver mis programas, y él quiere ver los suyos, y este no es su televisor."

¿Notan el grado de desconsideración y egoísmo en este niño? Así son ellos. Pero ahí estaba yo para mediar entre ellos utilizando la siguiente estrategia: Les apagué el televisor y les dije: "Miren a ver lo que van a hacer para llegar a un acuerdo, de lo contrario no van a ver nada." También le expliqué que debía tener compasión de su hermano ya que su televisor estaba dañado.

Regresé a la cocina. Y como a la media hora volví donde ellos, y estaban viendo un programa lo más tranquilitos, y les dije:

"¿A qué acuerdo llegaron?" Y el chiquito me contestó: "Decidimos ver uno de mis programas juntos, y después vemos uno de los de él."

¡Ven lo fácil que se resolvió la situación!

Otra de las estrategias para establecer la consideración mutua entre ellos fue el enfatizarles, que el derecho de uno terminaba donde comenzaba el del otro. Esto lo internalizaron de tal forma, que no tuve que lidiar con conflictos de esta índole.

Otro de los puntos que deseo discutir es el siguiente: Para que los niños comprendan lo que quiere decir el ser considerado, los padres tenemos que demostrarles a ellos que lo somos. Esto conlleva el que reconozcamos que ellos también tienen unos derechos, y uno de ellos es el recibir explicación del por qué de nuestra orden, o tal vez nuestra sugerencia. Pues muchos padres le dan una orden al muchacho, y cuando él pregunta por qué, le contestan: !Porque lo digo "Yo"! Lo cual considero incorrecto.

No es ser malcriado el tratar de conocer las intenciones de los padres al prohibirles algo a sus hijos, o cuando se les da una orden. Si estuviéramos más dispuestos a explicarles, y a hacerlos razonar, nos ahorraríamos muchos problemas. Pues ellos comenzarían a discernir y a evaluar lo que se le ha dicho, y estarían en una mejor disposición de obedecer, ya que han comprendido cual es la razón de la orden, del consejo o la sugerencia, aún desde los primeros años de sus vidas.

Un ejemplo de esto es el siguiente: Cuando mis hijos comenzaban a brincar en la cama o en los muebles en lugar de decirles que se bajaran de ahí, les decía que no debían hacerlo porque se podían caer y darse un mal golpe que los llevaría al hospital, y esto los haría sufrir sin necesidad. Este método me resultó muy bien.

Sin embargo, con todo y tratar de hacer lo que es correcto, muchas veces parece que hemos perdido el tiempo. Yo también hubo veces que me sentía frustrada, pues los hijos a veces nos hacen resistencia. En cada etapa de su desarrollo, ellos tratan de buscar la forma de controlar el ambiente. ¿Pero cual debe de ser nuestra actitud tocante a esto? La firmeza de carácter.

Nunca debemos permitir que el muchacho se salga con la suya. Hay que ser firmes y constantes en cuanto a lo establecido. Con esto pude lograr lo que me propuse hacer, que era el desarrollar en ellos un sentido de consideración hacia los demás.

También seguía enfatizando el respeto a la propiedad ajena, que consideraba tenía que comenzar en el hogar. Ellos no podían tocar nada del otro sin permiso. Esto tenía dos propósitos. El enseñarlos a respetar la propiedad ajena, y el ayudarlos a sentirse respetados. Por eso, desde los comienzos de la crianza, no perdía de vista ninguna situación que surgiera entre mis hijos, sino que las utilizaba para su beneficio. Si uno de ellos quería algo de su hermano, yo le decía: "Pídeselo prestado, y si no te lo prestare, no te pongas a llorar. Recuerda que eso es de él, y él decide si te lo presta o no." Esta estrategia llevaba al otro a compartir, ya que veía que yo estaba siendo justa. Y como consecuencia de esto, había una relación bastante buena entre ellos. En resumen, hijos respetados serán personas de respeto.

En una ocasión tuve que ser un poco drástica con uno de mis hijos para ayudarlo a comprender que lo que no es suyo no se toca. Este niño, cuando solamente tenía cuatro años tomaba dinero de la gaveta de su papá y se dirigía a una tienda de dulces que había cerca de mi casa. Al preguntarle que de dónde él había sacado dinero, me decía:

"Me lo encontré."

Y al preguntarle dónde, me contestaba:

"En la gaveta de Papi."

Aunque varias veces lo había regañado por hacer esto, lo seguía haciendo. Por eso tuve que confrontarlo de la siguiente manera:

"Tú te haz convertido en un ladrón, y los ladrones van
a la cárcel"

Esto lo preocupó y me dijo:

"¡No Mami, no; yo no quiero ir a la cárcel!"

Entonces aproveché para decirle lo siguiente:

> "Si comienzas a coger cinco centavo ahora, más adelante cogerás una peseta y luego más, y más y más, y te convertirás en un verdadero ladrón lo cual te llevará a la carcel."

De ese momento en adelante, no lo hizo más. De hecho, cuando encontraba aunque fuera un centavo, me decía:

> "Mira Mami, un chavito ¿lo puedo coger?

Y así pude lograr que él desarrollara conciencia de que lo ajeno, no se toca.

Quizás le sorprenda lo que les voy a decir. Unos días después, mientras compartía con varias de las compañeras de trabajo traje este incidente a colación, y la trabajadora social de la escuelas al escucharme me dijo:

> "Muchacha, no le digas así, que eso le puede desarrollar una conciencia de culpabilidad."

Y le reposté de la siguiente manera:

> "Todo en esta vida tiene un nombre, y el nombre del que coge lo ajeno, es ladrón."

Muchas veces utilicé estrategias para educar a mis hijos que ante los ojos de algunas personas eran demasiado drásticas. Pero no me arrepiento porque redundaron en bien para ellos, al igual que para mí.

Otras de mis reglas para sentar las bases para una personalidad correcta era, que la mentira en mi casa no se toleraba. Por eso estaba muy pendiente a que no se mintiera. Pero eso es algo de lo que nosotros los adultos tenemos la obligación de ser el ejemplo. Sin embargo, muchos padres mienten delante de sus hijos para salir bien en alguna situación; y a veces también les mienten a sus hijos.

¿Y qué moral tendremos nosotros para corregirlos si somos los primeros en usar la mentira para salir bien en algún problema? Por lo tanto, me cuidé de ello. Y tal vez esto llevó a mis hijos a ser sinceros y honestos, a tal extremo, que aunque supieran que había la posibilidad de ser castigados, decían la verdad.

Una de las estrategias que usaba para lograr esto aún mis hijos siendo muy pequeños era decirles que la verdad era única, pero la mentira no. Si decían la verdad, no importaba el tiempo que hubiese pasado, eso estaba fijo en sus mentes, y cada vez que le preguntaran, iban a decir lo mismo. Pero si mentían, siempre se iba a saber, porque se les iba a olvidar lo que habían dicho, e iban a decir otra cosa cuando le volvieran a preguntar, quedando en el ridículo.

También les decía que si ellos a veces decían la verdad, pero otras veces mentían, yo iba a perder la confianza en ellos, y no podría creerles. Ellos me han sorprendido en cómo aprendieron esta regla.

En una ocasión, uno de ellos, que contaba ya con diez años de edad, tratando de alcanzar algo de encima de un ropero, se subió en una bolsa que estaba en el suelo, sin saber que en ella habían unos guineos (bananos) que mi esposo tenía en ella para que se maduraran. Cuando mi esposo sacó los guineos estaban despachurrados. Y creyendo que había sido el bebé, que sólo tenía ocho meses, pero que era muy desarrollado, dijo:

"Mira como el muchachito este me dañó los guineos." Pero al mi otro hijo oirlo acusar al bebé le dijo:

"No, no fue él, fui yo; pero no sabía que ahí habían guineos."

Este incidente me dio a entender lo bien que ese principio se había fijado en su espíritu. Pues como el niño aún no hablaba, fácilmente pudo haber llevado la culpa.

Otra de la reglas que enfatizaba era el comprender que cuando íbamos de compras, no siempre era a comprar juguetes. Por lo tanto, tuve que ser firme en lo que me proponía hacer. Pues si no somos firmes y constantes, ellos se saldrán con la suya. He podido observar a muchos niños con rabietas incontrolables en las tiendas porque se han antojado de algo que los padres no pueden comprar en ese momento, y ellos no aceptan un "No". Por lo tanto, tuve que ser firme en este aspecto.

Esto me trae al recuerdo un incidente que sucedió cuando mi hijo menor tenía cinco años. Una tarde salí con él al supermercado, y al entrar vio un rifle de juguete. Sin encomendarse a nadie lo tomó, y siguió detrás de mí. Al verlo le dije:

"Ve y pon ese juguete donde estaba, que yo no salí a comprar juguetes." Pero no me hizo caso.

Lo ignoré, y al llegar a la cajera, le dije:

"El rifle no va."

Pero el no se daba por vencido, sino que seguía en su posición, aunque no estaba llorando, ni cosa por el estilo. Y una señora que allí estaba me dice:

"¡Pobrecito! ¡El quiere ese rifle!

A lo que contesté:

"Pobre de mí si se lo compro. Pues estuvo claro que no salimos a comprar juguetes."

Al la cajera terminar con mi transacción, seguí andando hacia el carro. Cuando él me vio salir, corrió a poner el rifle donde estaba y se dirigió hacia el carro. Si yo hubiese cedido mi posición, hubiese perdido la pelea.

Esa es una de las razones por las cuales muchas veces los padres pierden la autoridad. Por la pena de que a sus pobres hijitos hay que complacerlos en todo. Si se complace a los hijos en todos sus antojos, se criarán egoístas y ambiciosos, que todo lo que ven lo quieren, dando como resultado personas sin sentido de satisfacción personal. Pues nunca llegarán a sentirse satisfechos, no importando cuanto hayan adquirido.

Mi mamá usaba mucho este refrán: "Vale más dolor de brazo, y no de corazón." Queriendo decir, que el proceso de disciplina puede ser doloroso tanto para los hijos, como para nosotros los padres; pero es mejor que nos duela ahora, y no en el mañana.

Hay algo más que enfatizarle a los niños en este tiempo y es el riesgo que corren si no se mantienen en un lugar seguro. Hay que indicarles que no deben irse del lugar donde se supone que estén por ninguna circunstancia debido a los depredadores que rodean las escuelas.

Mientras criaba mis hijos, este no era un problema serio en mi país. No obstante, habían sucedido algunos casos de niños que habían desaparecido del plantel escolar en otros distritos. Pero el lugar donde vivíamos era considerado un lugar bastante seguro y mis hijos caminaban a la escuela con algún compañero. Y un día el menor incurrió en una falta, que me obligó a orientarlo para evitar que esa acción volviera a suceder.

Cuando éste estaba en el "Kindergarten" (Jardín de Infancia) en una ocasión la maestra estuvo ausente, y los estudiantes fueron despedidos. Mi hijo, en lugar de irse a la casa de su tía, que era la que estaba encargada de él mientras yo trabajaba, se fue a la casa de uno de sus amiguitos. La suerte fue que mi cuñada, al notar que otros niños que estaban en su grupo iban llegando a sus casas, al no verlo, se preocupó y comenzó a preguntar si alguien lo había visto. Y así descubrió donde estaba.

Por la tarde, cuando llegué a buscarlo, ella me explicó lo que había sucedido.

En ese momento no le dije nada, pero al llegar a la casa le dije: "Mira hijo, ¿Sabes por qué no debes hacer esto otra vez?

Supongamos que alguien te rapte y te lleve lejos de aquí. Tu tía a lo mejor dirá:

> "Bueno, Giovanni no ha llegado, pero a lo mejor está con su amiguito."

Y así pasarán unas cuantas horas, lo que le dará tiempo suficiente a la persona para llevarte bien lejos. Y cuando descubramos que no estás con tu amigo, tal vez sea demasiado tarde."

Créanme, que nunca más lo hizo.

A veces tenemos que ser un poco exagerados para lograr un entendimiento entre nosotros y nuestros hijos. Yo personalmente, muchas veces usé exageraciones para enseñarle a mis hijos unas verdades que los podrían salvar de muchos problemas más adelante. Este capítulo lo he titulado "Una edad crucial" debido a que durante esta primera etapa de la vida del niño, hay que ayudarlos a sentirse amados, respetados y protegidos. Esto los ayudará a sentirse seguros, y a la vez mostrarán consideración y respeto hacia sus semejantes, lo cual los ayudará en el desarrollo de una personalidad bien definida.

Además he sugerido el que debemos guiar a nuestros niños desde una temprana edad a no mentir ni engañar, y a no utilizar el chantaje para adquirir alguna cosa deseada, y a reconocer que no todo lo que desean, lo pueden tener.

Al comenzar este capítulo hice mención a la forma en que muchas especies de animales trataban a sus crías para exponer que el hombre, que es un ser racional, ha perdido la forma instintiva de la crianza de su prole. Pues el instinto maternal o paternal tiene que ver con el amar, alimentar, proteger y guiar los hijos hacia la independencia mediante el fortalecimiento de unas destrezas que los convertirán en personas maduras, capaces de manejar la vida.

Hay que fortalecer ese instinto, que es el que nos va a llevar a criar hijos saludables en todo el sentido de la palabra. Hijos con mentes sanas, en cuerpos sanos.

No obstante debo aclarar, que aunque usted sienta que está perdiendo su tiempo tratando de desarrollar el carácter de sus niños, no se desanime. Hay que observarlos, escucharlos y responder a sus inquietudes, aunque le suenen sin sentido común. Pues de otra manera, en el futuro buscarán respuestas en el lugar equivocado.

Muchas veces subestimamos a los niños al creer que ellos no entienden, pero no importa lo joven que ellos sean, sí, entienden. Pues mi experiencia ha sido bastante satisfactoria.

Debo confesar que yo también a veces creí haber perdido la batalla. Pues no es fácil. Pero a medida que iban creciendo notaba que mi constancia y firmeza, sumado al amor y a la comprensión, poco a poco iban surtiendo en ellos un efecto positivo. Y al llegar a la edad donde muchos de los muchachos comenzaban a dar problemas, ellos no lo hacían; pues llegaron a la comprensión y a la realización de que mis intenciones eran buenas.

Tenemos que ser pacientes, y nunca perder la esperanza. Pues con amor, comprensión y firmeza, podremos lograr muchas cosas.

El ambiente escolar y el terreno de juego también ofrecen otros retos, y uno de ellos es el conflicto de intereses entre los valores que les hemos inculcado, y lo que ellos observan diariamente a su alrededor. Y puede ser posible que sientan admiración por algunos de sus compañeros de escuela, y tratarán de dejarse guiar por lo que ellos dicen, o hacen. Pues muchas veces pesa más lo que sus amigos dicen, que lo que nosotros decimos.

Cuando uno de mis hijos comenzó la escuela, unos días después lo escuché decirle a su amiguito vecino: "No me rempujes" en vez de no me empujes. Al corregirlo me dijo:

"Yo creo que es rempujes porque en la escuela los niños lo dicen así."

Es por eso que tenemos que estar preparados para el ataque.

Capítulo 4

UN NUEVO RETO. ¡ACEPTÉMOSLO!

En este capítulo me propongo continuar presentado incidentes, ideas y estrategias que podrían ser de ayuda en tan importante tarea: *la de moldear vidas*. Ya les he presentado algunos consejos en cómo utilizar los primero años de la vida de los niños al máximo, para así establecer el fundamento de la disciplina, que es lo que los llevará a desarrollar su carácter. Pero el problema está en que la lucha no termina ahí, sino que más o menos desde los seis a los doce años, sus intereses van a ir cambiando.

Durante este período de tiempo, ellos comenzarán a observar y a admirar ciertas figuras públicas, tales como deportistas, cantantes, actores o actrices, etc. que muchas veces se convierten en sus ídolos. A estos, ellos tratarán de imitar, y no habría nada malo en ello, si la escala de valores de estas figuras está basada en unos principios favorables a su desarrollo social y emocional.

Mas si estos niños no están concientes de los valores positivos que le hemos tratado de inculcar, o si no tuvieron la oportunidad de recibir esta educación, se pueden ver en serios problemas, ya que no tendrán los criterios de evaluación de conducta necesarios para decidir qué le conviene o no, imitar.

Esto requiere el estar atentos a cualquier anormalidad que podamos notar para que no se convierta en un hábito, ya que ellos aún están en el proceso del desarrollo de su carácter, y pueden ser inconstantes en su conducta.

Si no usamos el tacto y la constancia al darle seguimiento a lo que ya le hemos enseñado, puede ser que sintamos frustración en la lucha por llevarlos por el camino correcto. Esta es la razón por la que diariamente debemos estar alertas a cualquier acto de indisciplina, en el esfuerzo por ayudarlos a corregirse antes de que sea demasiado tarde.

Es muy importante el alabarlos cuando hacen algo bueno. Pues el alabarlos les sube su estima, y los motiva a ser mejores. Pero cabe aclarar que si los vamos a alabar, debe de ser por algo que realmente amerite la alabanza. De la misma manera, si los vamos a castigar, debe de ser porque merecen ese castigo. Y ellos deben de estar seguros de la razón por la cual van a ser castigados.

En esta etapa de su desarrollo nos toca el reforzar esas virtudes que les hemos estado enseñando desde la cuna, y a la vez ayudarlos a desarrollar otras virtudes que los capacitarán para lidiar con la adolescencia.

Una de esas virtudes es el ser responsables, lo cual se puede manifestar en varias formas, siendo una de ellas la puntualidad. Lo que me propongo decir a continuación es algo que pude hacer debido a que mi hijo no iba a quedarse en la casa sin supervición. De otra manera hubiese tenido que utilizar otra estrategia.

Cuando mi hijo menor estaba en el sexto grado me pidió que lo moviera de su escuela, a una escuela elemental en el pueblo donde yo trabajaba. Como tenía que darme tiempo suficiente para llevarlo y regresar a mi escuela, teníamos que salir de la casa a las 7:20 a.m. para permitirme llegar a mi salón diez minutos antes de entrar, lo cual era mi costumbre.

Pero uno de los episodios de las caricaturas (los muñequitos) de televisión comenzaba a las 7:00 a.m. y terminaba a las 7:30. Tal parece que él no quería perderse el final del mismo, y se demoraba unos cuantos minutos después de yo haberme sentado en el carro.

Esto sucedió varias veces, por lo cual lo amonesté diciéndole que la próxima vez que lo hiciera, me iba a ir, y lo iba a dejar.

Tal parece que no creyó que lo iba a hacer, y al otro día hizo lo mismo. Le toqué la bocina del carro varias veces, y como no salió, me fui. Y no crean que fue fácil para mí. Mientras viajaba para mi trabajo pensaba:

> "Hay Dios mío, no debí hacer algo así."

Pero a la misma vez me decía:

> "Que se fastidie. No voy a ceder a mi conciencia; pues tal vez esto sea necesario para que aprenda responsabilidad."

Sin mentirles, esta inquietud la tuve presente todo el santo día. Era una lucha constante en mi interior, pero no me rendí ante ella. Y por la tarde, al regresar a casa me dice:

> "Mami, hoy yo tenía tres exámenes, ¿y ahora qué va a pasar?"

Y le respondí:

> "Pues ahora tendrás tres F's porque no tienes excusa."

¿Y cual cree usted fue el resultado de este episodio? Que desarrollé un jovencito muy puntual. Pues desde ese día no tuve más problemas de esa índole. Por el contrario, él se levantaba sin necesidad de que lo llamara para prepararse para ir a la escuela. Esto lo hacía voluntariamente.

Esta acción de mi parte tal vez sea considerada como algo desmedidamente drástico, pero yo reconocía que el mucho: ¡Pobrecito! o ¡El es sólo un niño! etc., estaba llevando a muchos muchachos a una conducta desviada. Yo era firme en mi disciplina, pues si les decía voy a hacer esto, o esto otro para conseguir su atención, lo hacía. Pues ellos sabían que no estaba jugando. Pero a la misma vez era cariñosa y condescendiente con ellos.

Siempre les di a entender que todo lo hacía para protegerlos y para ayudarlos a ser buenos ciudadanos, capaces de tratar con la vida, algo que no es nada fácil. También les daba a entender que al llegar a su mayoría de edad, las consecuencias de lo que hicieran con sus vidas, bueno o malo, serían suyas. Pues todo lo que el hombre sembrare, eso también cosechará.

Yo me la jugaba fría porque ya había establecido una muy buena relación con mis hijos. De otra manera tal vez no lo hubiese logrado. Hay que tener cuidado de utilizar estrategias drásticas, si no se ha desarrollado una relación de acercamiento, y entendimiento unos para con los otros. Por mi parte, esa se había desarrollado desde los comienzos de la vida de ellos.

Otro punto clave el cual juega un papel muy importante en el desarrollo del carácter de los niño son las relaciones interpersonales. Esto tiene que ver con el aspecto social del individuo. Cuando ellos llegan a la edad escolar, deben de haber desarrollado la capacidad para compartir con otras personas; no obstante, hay que darle seguimiento a esto ya que van a estar expuestos a diferentes caracteres.

Una de las estrategia que utilicé fue el permitirles traer a sus amigos a nuestra casa. En la parte de atrás de la casa, teníamos un aro de jugar Baloncesto, y sus amigos podían pasar tiempo con ellos. También podían ver televisión, y jugar Nintendo u otros juegos pasivos. Sus amigos eran atendidos con delicadeza, y esto los hacía sentir respetados y aceptados. El hacer esto, me daba la oportunidad de conocer quienes eran sus amigos. Ellos a su vez se mostraban muy respetuosos; pues algo de lo que siempre hice concientes a mis hijos, fue el que esa era su casa, y que era su responsabilidad el darla a respetar por sus amigos cuando venían a compartir con ellos.

Además de esto, durante esta etapa hay que orientarlos en cuanto al ambiente exterior. Ellos deben saber lo que está sucediendo a su alrededor, sea bueno o sea malo, y las consecuencias que trae el no caminar rectamente, al igual que la satisfacción que trae el hacer lo correcto. El guiarlos a observar la vida dificil que están sufriendo los jóvenes que se han dejado guiar por sus antojos, debe de ser utilizada como estrategia de orientación, no sin antes llevarlos a la compasión hacia esos otros jóvenes que han sido víctimas de los vicios.

A través de mi vida he podido observar a algunos padres que le han ocultado a sus hijos las realidades negativas que ocurren en la comunidad donde viven; pues los encierran en un ambiente que aparenta ser perfecto, pero que no les permite conocer la diferencia entre lo bueno y lo malo, ni las concecuencias de lo que no es bueno.

Un ejemplo de lo que estoy expresando es el siguiente: Conozco un matriminio que decidió matricular a su hijo en un colegio privado desde muy temprana edad. Su mamá lo llevaba y lo recogía por la tarde, y esto sucedió toda su vida escolar. Pero al graduarse de escuela superior, entró a la universidad donde conoció a una joven y terminaron enamorados, la cual resultó ser adicta a las drogas.

Es muy triste decirles que el joven cayó en ese vicio a tal extremo, que se ha convertido en un problema serio para sus padres. Ya él es un hombre entrado en edad, sin embargo sigue siendo un problema serio para sus padres, los cuales no saben qué más hacer para tratar con este asunto.

Esa es la razón por lo cual se debe orientar a los hijos en cuanto a la consecuencias de los vicios, sea cual sea, además de otros males sociales que están destruyendo moralmente a nuestros jovenes, y uno de ellos tiene que ver con el sexo.

Antes de que los hijos lleguen a la pubertad, es crucial el tratar con el asunto del sexo lo cual es un aspecto de la naturaleza humana. Una de las estrategias que utilicé para tratar con este asunto, (lo que al principio fue muy dificil debido al tabú que existían en mi época tocante al sexo) fue el llevar a mis hijos a pensar en el futuro, y no en un ratito de placer humano, que podría llevarlos a consecuencias muy graves.

Les decía que era mejor casarse por amor, que por obligación; pues en el tiempo en que criaba a mis hijos mayores, aún existía la costumbre que si una muchacha quedaba embarazada por algún joven, lo obligaban a casarse con ella, aunque no la amara, lo cual podría ser de mucha frustración para ambos.

En este tiempo ya no es así, pero existe la ley que obliga a los padres a mantener a sus hijos, y si no lo hacen sufrirán grandes consecuencias, ya que pueden terminar en la carcel.

Esta segunda etapa, la cual nos presenta un nuevo reto, es la que los prepara para la siguiente etapa que es la adolescencia; la cual a su vez los preparará para la edad adulta. Si estuviéramos dispuestos a utilizar este período de tiempo para orientarlos en cuanto a cómo enfrentarse a la vida al llegar a la adolescencia, ellos podrían salir victoriosos al lidiar con los retos que les ofrece el medioambiente al que serán expuestos.

No debemos subestimar la capacidad de los niños para comprender lo que le queremos enseñar sobre la vida. Si no lo hacemos nosotros, llegará el momento en que recibirán la información en forma vulgar, tal vez por jóvenes inescrupulosos, dando como resultado el que se descaminen de los valores que hemos tratado de inculcar en ellos en la primera etapa de sus vidas.

Y aunque parezca absurdo, muchos de ellos ya conocen muchas cosas que cuando nosotros (los viejos) éramos niños, no conocíamos. Por lo tanto debemos hablarles claramente, para corregir a tiempo cualquier información incorrecta que hayan recibido, ya sea por sus amigos, o por alguna persona profesional, los que a veces no se dan cuenta que lo que han dicho, puede ser malinterpretado por los niños.

Cuando uno de mis hijos estaba en el quinto grado, llegó a casa muy emocionado y me dijo:

> "Oye Mami, en la escuela nos dieron una conferencia y nos dijeron que a los trece años podíamos ser padres."

Al escucharlo le dije:

> "Siéntate aquí que vamos a hablar. Lo que esa persona quiso decir fue que a esa edad, los muchachos pueden traer un bebé al mundo. ¿Pero será eso el ser padre?"

Aproveché la oportunidad para explicarle la responsabilidad que conllevaba el ser padre, comenzando con la base emocional y continuando con la preparación académica para conseguir un buen empleo, siguiendo con todas las demás responsabilidades relacionadas con este asunto.

Fíjense que esta persona era un profesional, y ya pudieron ver cómo el niño interpretó el mensaje. Su emoción venía porque a lo mejor veía a los bebés como si fueran juguetes. Por eso es que hay que estar pendiente de cómo ellos se expresan, y estar dispuestos a corregir cualquier señal de desvío hacia lo que más luego pudiera redundar en problema.

Debemos de estar pendientes a lo que los muchachos dicen, para poder ayudarlos a analizar lo que han escuchado de otras personas, con el fin de que puedan tomar decisiones sabias, basadas en los principios que le hemos enseñado. Pero para que ellos se abran a nosotros con confianza, tenemos que haberle mostrado nuestra confianza desde muy temprana edad.

Muchas veces a nosotros los padres se nos hace difícil entrar en ciertos temas, porque tal vez los consideremos tabú. Pero el giro que ha dado la vida nos está obligando a dejar atrás la timidez, para hablar clara y abiertamente de lo que en el pasado se consideraba fuera del vocabulario común. De otra manera, nunca llegaremos al éxito en la educación total de nuestros niños.

Hoy en día hay mucho material que puede ser muy útil para este propósito. Busque ayuda, si es que no se encuentra capacitado para tomar este aspecto de la educación de sus hijos en sus manos.

Y recuerde que aún queda un trecho por caminar, pero no pierda la esperanza.

Capítulo 5

¡LA LUCHA SIGUE! ¡NO BAJEMOS LA GUARDIA!

Desde más o menos los trece años comienza la transición hacia la edad adulta. Esta es una etapa dolorosa para los hijos, ya que ahora, ni son niños, ni son adultos. Así que a veces hacen cosas de niños y oímos los comentarios:

"Ese muchacho se cree que todavía es un niño."

Pero otras veces tratan de hacer algo de adultos, y decimos:

"Oye, ese muchacho se cree que ya es un hombre."

Por eso es que a este período de transición se le llama adolescencia; término que significa adolecer, o sentir dolor. Durante esta etapa hay que ser muy paciente, pues muchos de ellos se ponen a la defensiva. Por lo tanto, hay que buscar alternativas para poder comunicar con ellos, sin perder de vista que tenemos que ser firmes en lo que creemos. Si el muchacho llega molesto y no hay posibilidad de comunicación, déjelo quieto.

No obstante, cuando lo note tranquilo, toque el tema usando de mucho tacto. Pues si los ofendemos al utilizar palabras humillantes, vamos a perder la pelea. Y recuerde que ellos están atravesando por el proceso de conocerse a sí mismos. Por eso es que hay que ayudarlos a verse valiosos y respetados.

El escribirles una notita cariñosa diciéndole lo que sentimos, ayuda mucho. Y no se desanime si siente que está perdiendo el tiempo, pues como les dije anteriormente, si ellos tienen claro en su mente lo que han aprendido en las primeras dos etapas, ellos saldrán victoriosos.

Para este tiempo los muchachos irán demostrando su capacidad para manejar su vida social. Esto tiene que ver con la forma en que eligen sus amigos. Por tal razón continué utilizando la estrategia de permitiles traer sus amigos a la casa para así poder conocerlos de cerca. Hubo veces que alguno de ellos, al pasar el tiempo dejaba de visitarnos, y al preguntar que había pasado con él, me decían, muy apenados:

> "Hay Mami, ya él no es el mismo. Se ha ido a hacer
> algo no muy bueno. Por eso ya no ando con él."

Esa es la importancia que tiene el enfatizar cual es la recompensa de la buena conducta, y el resultado de lo contrario a esto. Así ellos podrán evaluar lo que sus amigos hacen, utilizando los criterios de conducta que ellos han desarrollado, evitando así el dejarse guiar por alguien que les quiera llevar por el camino equivocado.

Aunque ellos podían traer a sus amigos a casa, llegó el día en que tendría que permitirles explorar el ambiente exterior; algo que consideraba muy delicado. Ya para este tiempo, la delincuencia juvenil, y las drogas se había convertido en un problema social en la comunidad donde vivíamos.

Más o menos a los trece o catorce años, mi hijo mayor, me pidió permiso para visitar a uno de sus amigos. Aunque me preocupó la idea, se me ocurrió darle permiso para ir por una hora. Se fue a su visita, y faltando como dos o tres minutos para la hora, regresó. Cuando lo vi llegar lo alabé por haberme obedecido. Y le dije:

> "Me has demostrado que puedo confiar en ti."

(Muchas veces nos concentramos en todo lo negativo que los muchachos hacen, lo cual los lleva al desaliento. Pero cuando los alabamos por lo bueno que hagan, les va a subir su estima. Pues irán descubriendo que son valiosos para sus padres, y así tratarán de ser beneficiosos a otros.)

Como les iba diciendo, desde ese día mi hijo y su amigo comenzaron a turnarse para visitarse el uno al otro en sus respectivas casas. Pero un día me pidió permiso para ir con su amigo a la cancha a jugar Baloncesto. Esta petición la vi un poco difícil de aceptar ya que en ese lugar, habían rumores de que estaban sucediendo cosas deshonestas.

Pero me puse a pensar:

> "Ya él es un adolescente y si le prohíbo ir, puede que más tarde se rebele, y sea peor para los dos."

Entonces recurrí a la base que había establecido desde su niñez y le dije:

> "¿Tú crees que te vas a sentir cómodo en ese lugar donde están sucediendo cosas no muy buenas?"

Y además le dije:

> "Te voy a dejar ir, pero si ves algún movimiento raro que te pueda comprometer, sal de ahí lo más pronto posible."

Esa tarde fueron a la cancha, y al otro día hicieron lo mismo. Pero al tercer o cuarto día, me dice:

> "Oye Mami, tu tenías razón. No debo volver a ese lugar."

Y así lo hizo. ¿Y saben lo que sucedió unos días después? Llegó la policía, y los que estaban ahí, pasaron un mal rato.

Cuando mi hijo se enteró, se me acercó y me dijo:

"Ay Mami, si yo hubiese estado allí, me hubiera pasado lo mismo."

Esta es la razón por la cual debemos desarrollar en los niños una escala de valores clara, para que ellos puedan evaluar todo lo que les rodea.

Según mis hijos iban creciendo, les iba dando cierto grado de libertad, pero esa libertad era condicional. Pues consideraba que debía irles dando la oportunidad de ir conociendo su medio ambiente, y a la misma vez iba observando cómo ellos manejaban esa libertad. Pues esto era lo que me iba a decir cuánto ellos habían madurado en el proceso de la preparación hacia su independencia. Ellos iban descubriendo que el ambiente no era lo mejor, pero a la misma vez, reconocían que lo que les había inculcado, era lo único que los podía ayudar a mantenerse al margen de lo que ahí estuviera sucediendo.

Ya de los quince a los diecisiete años comenzaban a salir por el vecindario, pero la hora de regresar debía de ser antes de las 6:00 de la tarde, que era la hora de servir la comida. Esto lo hacían como si fuera una religión. Antes de las seis, ya estaban en la casa.

Lo mismo sucedió cuando ya eran mayores de edad. Pues los tuve bastante tiempo conmigo, antes de independizarse. Una de las estrategias que usé fue el decirles que cuando salieran, regresaran no más tarde a las 10:00 p.m. porque a las 10:30 era la hora de acostarnos. Pues no era justo que yo no pudiera dormir bien, pensando en dónde estarían ellos, o si estarían en algún problema, para tener que levantarme a trabajar trasnochada a fin de ganar el sustento del hogar. Esta regla la cumplían al pie de la letra.

Fíjense lo consciente que mi hijo mayor estaba de esto, que después de haber estado en el "Navy" por más de cuatro años, cuando regresó, si se iba a quedar fuera de la casa, me lo dejaba saber para que no me preocupara. Le doy gracias a Dios, porque nunca tuve que pasar una mala noche esperando que llegara uno de mis hijos.

Esto es lo que he querido enfatizar desde el principio. Hay que establecer esa base a muy temprana edad, para que ellos puedan discernir entre lo que les conviene y lo que no les conviene. No por miedo, sino por que comprenden la diferencia.

El miedo es algo superficial. Muchos padres conservan sus hijos en la casa, sin permitirles tener alguna relación con el ambiente exterior. Algunos ni les permiten tener amigos por miedo a que se contaminen. Y a veces les inculcan el respeto mediante una autoridad desmedida, sin afecto ni consideración, y sin darles algo que sustituya lo de afuera. Ni tampoco les presentan un cuadro claro de la vida.

Los niños, al igual que los adolescentes deben de saber qué se está moviendo ahí afuera, al igual que los resultados de las malas decisiones, y la satisfacción que trae el hacer lo correcto. Pues de otra manera, al llegar a cierta edad, se les van a salir de las manos, y van a terminar en serios problemas.

Y lo peor es que pueden llegar a rebelarse en contra de sus propios padres por no haberles dado la oportunidad de desarrollar el carácter necesario para salir victoriosos en la vida, y deciden hacerlos sufrir.

Esto me trae a la memoria una ilustración de las que mi madre nos presentaba cuando estábamos creciendo. Ella nos dijo que una mujer tenía un hijo que robaba huevos y ella los cocinaba y se los comía junto con el muchacho. Luego comenzó a robar gallinas, y luego una vaca, y así se convirtió en un ladrón. Pero un día llegó al extremo de matar a alguien para robarle, y terminó como reo de muerte. Pues lo iban a quemar en la silla eléctrica.

Al pedirle que expresara su último deseo, pidió darle un beso a su madre. Al ella acercarle su cara, él le mordió la mejilla. Y cuando uno de los policías le censuró por lo ocurrido, le dijo: "Esto lo he hecho porque ella es la que debía de estar en esta silla. Pues cuando comencé a robar, ella era mi cómplice; ya que ella nunca tomó el tiempo para corregirme." La idea de presentarnos esa ilustración era para que nosotras, sus hijas, comprendiéramos la importancia de la corrección.

Algo que pude notar a medida que mis hijos iban creciendo, fue que me iban demostrado más afecto y admiración. Pues al verse libres de problemas, me han mostrado agradecimiento por la forma en que los crié.

Cuando algún muchacho se siente orgulloso de sus padres, por lo general evita el hacerlos sufrir. En una ocasión, mi hijo menor, que tenía para ese tiempo trece años, estaba siendo instigado por unos muchachos de su escuela a salir por la vecindad a pasar un rato. Pero como yo no estaba para darle permiso, él rehusó ir. Y al decirles que no, porque no tenía permiso, ellos le dijeron una serie de palabras feas, dándole a entender que era un niño mimado, y enfaldado, que no tenía los nervios para "janguear" como dicen ellos, con sus amigos.

Cuando llegué a la casa, él me dijo:

> "Mami, unos muchachos me invitaron a salir por ahí, y al decirles que no tenía tu permiso me dijeron… (palabras muy groceras) y al oírlos me dieron deseos de irme con ellos, pero pensando en lo mucho que tú ibas a sufrir si me pasaba algo, decidí no ir."

Y yo, como siempre, aproveché la situación para decirle:

> "Sí, es verdad que yo iba a sufrir si te pasaba algo, pero ¿sabes qué? Tú ibas a sufrir más que yo. Recuerda que siempre he dicho, que el que se meta en un problema por no cumplir con los requisitos de buen ciudadano, yo lo iba a dejar sufrir las consecuencias."

Si a este niño no le hubiesen importado mis sentimientos, hubiese terminado en serios problemas. Pues para este tiempo yo trabajaba en un lugar donde él tenía que estar sólo por varias horas después que salía de la escuela, y en algunos momentos yo me tenía que quedar en el trabajo por la noche. Así que tenía suficiente tiempo para hacer lo que le viniera en gana. Pero ya vieron la razón por la cual no lo hacía.

Unos meses más tarde, vino donde mí y me dijo:

> "Oye Mami, te acuerdas de los muchachos que querían que yo saliera con ellos?" "Sí me acuerdo" Le dije. "Tú sabes lo que les pasó?
>
> Bandalisaron una escuela y están en una correccional juvenil. ¡Ay Mami, si yo hubiese estado con ellos, ahora estuviera en grave problema."

Y este incidente fortaleció lo que le había enseñado desde muy temprana edad.

En esta etapa, además de la confraternización con sus amigos, van a comenzar a fijarse en el sexo opuesto, lo cual, si no se les ha educado en cuanto a como tratar con este asunto, pueden terminar con la responsabilidad de padres antes de tiempo, o con alguna enfermedad sexualmente transmisible.

Por eso es muy importante el hablarles a nuestros jovencitos abiertamente sobre este aspecto de la vida, para llevarlos a comprender que esto es algo muy delicado. Debemos aconsejarles que, aunque suene raro o estúpido, la abstinencia es el mejor método para evitar estos problemas.

Esto me trae al recuerdo a mi nieto mayor, el cual se mantuvo virgen hasta los veinticuatro años, edad cuando contrajo matrimonio. Él fue motivo de burla por su círculo de amigos, pero él les decía:

> "Bueno, yo no estoy perdiendo nada con esto. Lo que estoy es tranquilo porque no tengo que tener miedo de preñar una muchacha, ni de contraer alguna enfermedad."

La responsabilidad que conlleva el experimentar el sexo antes de tiempo, está llevando a muchos jóvenes a situaciones muy dolorosas, que de otra manera, no sería así. Y algunos padres le están proveyendo protección artificial a sus hijos; métodos que no son ciento por ciento seguros, y que al fallar, les podrían comprar un gran problema. Por eso hay que insistir en la educación sexual antes de que lleguen a estos extremos.

Algo muy aconsejable es el demostrarle confianza a nuestros hijos porque así ellos podrán hablar con nosotros sin inhibiciones. Cuando uno de mis hijos estaba en el séptimo grado, una tarde me dijo que una niña se había abierto su blusa, y le había enseñado su busto. ¿Y cual fue mi reacción? Pues le aconsejé que nunca se aprovechara de esas oportunidades, aunque lo consideraran tonto, o idiota.

También le expliqué que habían niñas que tal vez no tenían padre, y necesitaban el cariño del sexo opuesto, lo cual tendían a conseguirlo de esa forma. Pero que las respetara, porque algún día podría ser que él tuviera una hija, y yo estaba segura de que a él no le gustaría que alguien abusara de ella.

A mis hijos les aconsejaba el evitar estar con alguna noviecita en un lugar donde pudieran caer en la trampa del sexo. Y también les advertía que si por casualidad tenían un hijo antes de tiempo, yo personalmente los obligaría a trabajar para mantenerlo. También les recordaba lo que ya le había dicho en la etapa anterior; que tuvieran mucho cuidado, porque no era lo mismo el casarse por amor, que por obligación.

Siempre le inculqué el respeto hacia las muchachas que le rodearan, y con el tiempo pude ver que esto funcionó. En una ocasión una de mis estudiantes de la escuela superior donde trabajaba, comenzó a frecuentar mi casa. A principio no me percataba de que ella estaba enamorada de uno de mis hijos.

Y una tarde se me acercó y me confesó que la razón por la cual ella iba a mi casa era porque estaba enamorada de mi hijo, pero que él le había dicho que no estaba en esa honda porque él quería concentrarse en sus estudios por el momento, y no tenía tiempo para atenderla, ni tampoco quería hacerla perder su tiempo.

Pero lo que más me impresionó de ella fue el comentario que hizo con relación a mi hijo. Ella me dijo:

"Yo la felicito por tener un hijo como ese. Pues si hubiese sido otro, me hubiese enamorado para pasar el tiempo, y tal vez hasta me hubiese abusado, pero él me demostró la clase de valores que tiene."

Otra de las experiencias que me demostraron que lo que les había enseñado a mis hijos estaba surtiendo efecto fue la siguiente. Cuando el menor de mis hijos entró a la escuela superior, al finalizar el curso escolar llegó a mi casa con un regalo, y una postal muy bonita, firmada por un grupo de muchachas.

El año siguiente yo fui enviada a trabajar a esa escuela, y al ver la lista de estudiantes pude notar que algunos de los nombres de las muchachas del salón, eran los mismos que estaban en la postal de mi hijo. Al preguntarles el por qué le habían hecho ese homenaje a mi hijo, una de ellas me dijo:

"Es que nunca habíamos tenido un amigo como su hijo. Pues por lo general todos los muchachos tienden a faltarnos al respeto de alguna forma, pero su hijo no. Con él podíamos charlar y reír, y la pasábamos muy bien, sin el miedo de que se propasara con nosotras."

Estos comentarios me hicieron sentir muy orgullosa de mis hijos.

Además les enfatizaba que no importara lo que los demás pensaran de ellos, que se aseguraran que conocían quienes eran, para que les resbalara cualquier concepto negativo que los demás tuvieran de ellos. Algunas personas los consideraban como tontos por no aprovecharse de las oportunidades, pero a ellos no les importaba. Pues ellos sabía quienes eran.

Mi hijo mayor, cuando le gustaba alguna muchacha, me pedía mi opinión, pero lo único que le decía era que mantuviera su cabeza en su sitio, y que observara la joven que fuera. Y que si notaba algo que estuviera fuera de sus principios, le tocaba a él decidir qué hacer. Muchas veces los padres interfieren con la felicidad de sus hijos por los prejuicios que embargan sus vidas. Por eso dejaba en sus manos el decidir cuál sería su compañera ideal, confiando en lo que les había inculcado desde temprano en la vida.

Según iban creciendo en edad, mis hijos iban demostrando que las enseñanzas que habían recibido desde niños, estaban siendo efectivas; aunque hubo momentos en que también incurrieron en alguna travesura.

Otro aspecto con el que los muchachos tienen que lidiar durante esta etapa de sus vidas es, el tomar decisiones sabias con relación a su futuro. Ellos deben estar concientes de la profesión o el oficio en los que ellos desean trabajar. Muchos de ellos llegan a la escuela superior sin tener metas claras, tal vez porque no han pensado en ello, o porque lo que ellos desearían hacer, no está a tono con lo que los padres desean para ellos, y esto se convierte en un conflicto de intereses

Pienso que todos los padres queremos lo mejor para nuestros hijos, pero lamentablemente ellos muchas veces no lo comprenden. Si no, que nos llevan la contraria. Una de las experiencias que tuve con relación a esto fue la siguiente: Cuando el mayor de mis hijos estaba en el décimo grado, una tarde me pidió que lo sacara de la escuela porque él quería entrar a el programa "Job Corp" que había llegado a Puerto Rico.

Este programa había sido diseñado para rescatar a los jóvenes que se habían salido de la escuela antes de terminar, el cual ofrecía la posibilidad de terminar la escuela superior, a la vez que de aprender un oficio. Esta petición que él me hizo fue para mí muy dura de aceptar, pero tuve que usar de mucho tacto y sabiduría, ya que era algo delicado. Pues siendo maestra de escuela de ese mismo distrito,
¿qué pensarían los demás de mí?

En ese momento lo confronté al decirle que ese programa no era para él, sino para los muchachos que se habían salido de la escuela por no tener interés en la misma. Pero él me dijo que estaba cansado de la rutina de la escuela, y que le gustaría tener un oficio, lo cual podría lograr en ese programa, a la vez que tenía la oportunidad de conseguir la equivalencia del cuarto año de escuela superior.

Le di el visto bueno al asunto, y al otro día fui a darlo de baja de la escuela. Cuando el principal (quien el año anterior había sido el principal de la escuela donde yo trabajaba) escuchó sobre mis intenciones, me preguntó que si me había vuelto loca, a lo que contesté:

> "No, yo no estoy loca, pero tal vez mi hijo sí. Ya yo le expliqué todo sobre las consecuencias de las malas decisiones, y él sigue con la idea. Déjelo que trate. Porque entonces no tendrá excusa, si las cosas no le salen bien."

Y así lo hice.

Bueno, llegó el día deseado, y entró al programa. ¿Y saben lo que pasó? Pues unos meses más adelante me dice:

> "Mami, tú tenías razón; esto no era para mí."

Y le contesté:

> "Yo sabía que tenía la razón, pero te concedí el privilegio de tomar tu propia decisión. Pues las consecuencias son tuyas, porque ahora tendrás que repetir el décimo grado.

Pero la historia no termina aquí.

Unos días después se me acercó y me preguntó que si le podría dar $2.50 diariamente, y al preguntarle para qué, me dijo que había encontrado una escuela para adultos donde estaban dando clases para tomar el examen de equivalencia de la escuela superior, y el dinero lo necesitaba para pagar la guagua, y para almorzar. Al decirle que sí, fue y se matriculó, y fielmente asistió hasta el día en que tomó el examen, el cual aprobó con muy buena puntuación.

Llegó a la casa muy contento y emocionado; pero me dio otro golpe al decirme:

> "Y no creas que voy a ir a la universidad."

> "Bueno hijo, recuerda que siempre les he dicho que sus decisiones, buenas o malas, son sus decisiones, pero las consecuencias, buenas o malas, también son suyas."

Al oírme me dijo que sus planes eran enlistarse en el ejército de los Estados Unidos. Unos días después, fue a tomar el examen, el cual aprobó con muy buena puntuación, y lo reclutó la Marina de los Estados Unidos, ("Navy") Hubo familiares que me confrontaron por haberle permitido tomar esa decisión, pero les dije que ese había sido su deseo.

Ahí estuvo por cuatro años y medio. Durante su estadía en el "Navy" vivió experiencias dulces, y me imagino que también amargas. Pues aunque nunca se quejó, me imagino que hubo momentos difíciles, pero nunca lo expresó.

Y al salir del "Navy" comenzó a trabajar y contrajo matrimonio. También decidió matricularse en una universidad, y a los dos años, se dio de baja. Pero al darse cuenta y comprender que la vida es más fácil con una profesión, o un oficio donde existan unas credenciales, regresó la universidad, lo cual le ha permitido tener un mejor empleo, con mejor salario.

No crean que mi hijo era un muchacho problemático al manifestar sus inquietudes. Por el contrario, siempre que se me acercaba lo hacía con madurez y respeto. Por eso tenía suficiente confianza en él para permitirle el tomar sus decisiones, que aunque a veces salieron incorrectas, él seguía tanteando el ambiente hasta llegar donde se proponía llegar. Hoy día vivimos muy orgullosos el uno del otro.

Esta historia que les he contado puede que sea mal interpretada por aquellos que prefieren tomar las decisiones por sus hijos. Pero conozco muchos casos donde el padre ha decidido la profesión de sus hijos, y estos no son felices, pues están haciendo trabajos que no disfrutan. Y otros abandonaron su carrera y hasta se desaparecieron del panorama.

No obstante, puede darse el caso en el que el padre o la madre hayan observado para qué sus hijos son buenos, y les hayan *sugerido* una profesión, y ellos se han encaminado hacia ella, y han salido victoriosos. Pero la diferencia está en la frase "han sugerido" en oposición a la frase "han obligado".

Hay que observar los niños para ver sus habilidades y fomentarlas. Pues muchos niños desde muy temprana edad comienzan a hacer cosas que demuestran sus talentos.

La idea de presentar el relato sobre mi hijo es para mostrarles que muchas veces nosotros como padres, debemos permitirle a nuestros hijos el demostrar que han desarrollado unos valores firmes, y que además reconocen las consecuencias de las malas decisiones. Pues a pesar de todo lo negativo que pueda haber en el mismo, hay algo que podemos observar, y es la confianza que él tenía para expresar sus sentimientos y deseos a su madre. Pues muchas veces los hijos tienen inquietudes que los perturban, pero no se atreven presentárselas a sus padres por temor a ser malinterpretados y censurados por ellos.

Yo comprendí que ya mi hijo no era un bebé, sino casi un adulto. También estaba confiada en que lo que le había inculcado en su niñez, tenía que redundar en algo positivo para su bienestar actual, al igual que el futuro.

Otro detalle que debemos observar es la forma en que él se movía tratando de buscar alternativas a sus inquietudes. Si lo analizamos nos daremos cuenta de la independencia que él mostraba hasta llegar a un nivel de estabilidad. Aparentemente, mis esfuerzos habían sido en vano, pero no fue así, pues ya les he presentado cómo él iba buscando respuestas a sus inquietudes.

Como padres, tenemos el reto de orientar a los hijos en cuanto a lo que se proponen estudiar. Al decir estudiar, no necesariamente me refiero a ir a una universidad para adquirir una profesión que le tomaría de cuatro a seis años, sino que también existen algunas carreras a corto plazo las cuales son muy remuneradoras, y por lo general están en demanda. Algunas de ella son: técnicos en computadora, la peluquería, asistente dental, asistente médico, mantenedor de archivos, mecánica de auto, electricista, plomería y muchos otros oficios que prometen buenos beneficios.

Si usted como padre, nota que su hijo tiene alguna habilidad específica, trate de ayudarlo a que se concentre en ello, mediante la búsqueda de información valiosa relacionada con ese campo.

Uno de mis concuñados, al notar la habilidad que su hijo tenía para el dibujo, lo orientó para que compitiera para un trabajo relacionado con el dibujo, y fue uno de los seleccionados para el trabajo en el cual ha tenido mucho éxito. Tal vez si su padre no hubiese estado al tanto de la habilidad de su hijo, hubiese perdido esa oportunidad.

Mas por el contrario, uno de los nietos de una de mis amigas realizó un trabajo sobresaliente en la universidad, lo cual le ha dado la oportunidad de ser escogido para trabajar para un compañía exitosa en los Estados Unidos, y su mamá se opone a que lo acepte por no sentirse alejada de su presencia.

Podemos ver que somos muy variados. Para unos, el dejarlos buscar su ambiente es lo normal, y para otros, es el tenerlos a su lado. ¿Pero qué será lo ideal? Para mí lo ideal sería el permitirles que ellos decidan qué será lo mejor para su futuro. Esto es, dependiendo cuánta madurez hayan demostrado tener.

Cuando mi hijo mayor decidió unirse a la Marina de los Estados Unidos tuve que lidiar con un conflicto de opiniones. Pues algunos en la familia me censuraron por haberle permitido tal cosa. Pero les dije:

> "Bueno, yo creo que él es suficientemente maduro para saber lo que quiere, y si eso es lo que escogió, tiene mi apoyo."

Pues como ya les había dicho, fue y regresó. Allí recibió unas experiencias que de otro modo no las hubiera alcanzado. Tal vez si me hubiese opuesto, hubiese tomado el rumbo equivocado.

Como expresé anteriormente, si observamos a una gran mayoría de los animales, nos daríamos cuenta del cuidado y la protección que les ofecen a sus crías, y cómo a la misma vez los van guiando hacia la independencia. Pero muchas veces no sucede así con los humanos, sino que el apegamiento que hemos desarrollado hacia nuestros hijos, muchas veces les frustra el salir adelante. Si hemos establecido los principios que regirán las vidas de nuestros hijos en forma sistemática, al igual que una forma sabia que los guíe al desarrollo de un buen carácter, podremos vivir en reposo. Pues ellos nos harán felices al mantenerse al margen de toda esa amalgama de circunstancias que pueden surgir como consecuencia de una conducta desviada.

Vivo agradecida de que Dios me haya ayudado en el proyecto de la crianza de mis hijos. Pues sé que El me ayudó en este proyecto tan importante: *el de instruir al niño en su carrera*. En esta forma los criaba: no les dejaba pasar ni una, hasta llevarlos a comprender el por qué de mi insistencia en su educación.

Esto los llevó a ser admirados por otras personas. En una ocasión alguien me preguntó que cómo pude criar mis hijos en un ambiente donde muchos jóvenes habían caído en el vicio de las drogas, y los míos no se me descaminaron, y le contesté que lo primero que hice fue reclamar la sabiduría de Dios para establecer unos parámetros y unas reglas claras, y precisas para que mis hijos pudieran guiarse por ellas, y además unas sanciones claras para hacer que se cumplieran esas reglas; pero a la misma vez para desarrollar un buen entendimiento entre nosotros.

Algo más que hice fue que en lugar de juzgarlos y criticarlos, mostraba compasión cuando veía algún muchacho caer en problemas de conducta. Me cuidé de criticar y señalar a los hijos de los vecinos, porque desde niña pude notar que los padres que se dedicaron a hacerlo, al sus hijos llegar a la adolescencia, caían en situaciones iguales, o peores que las que sus padres habían señalado, o criticado. Pues muchas personas pierden su tiempo en señalamientos y críticas, en lugar de concentrarse en la educación de sus propios hijos.

Pues no debemos juzgar, para no ser juzgados. Sino lo que debemos ser es considerados y compasivos con los demás.

En resumen, si somos constantes y firmes en cuanto a las reglas de conducta favorables al desarrollo del buen caracter, vamos a experimentar una gran satisfacción al ver cómo los hijos han aprendido a lidiar con todas las tentaciones y retos que les depara el futuro, hasta convertirse en ciudadanos respetuosos, serios y responsables, lo cual nos traerá reposo. Por lo tanto, ¡NO BAJEMOS LA GUARDIA!

Capítulo 6

LAS PALABRAS MOLDEAN REALIDADES

Este capítulo está basado en un trabajo que tuve que entregar en una clase que tomé para el endoso de mi certificado de maestra de inglés regular, para poder enseñar ESOL (por sus siglas en inglés) lo que antes se llamaba la enseñanza de Inglés como Segunda Lengua (ESL) Este tema me interesó porque creo enfáticamente que las palabras tienen el poder de afectarnos positiva o negativamente. El desarrollo de nuestra personalidad depende en gran parte de lo que nos han dicho desde la niñez. Si tomamos la decisión de levantarles el ánimo y la estima a nuestros hijos mediante el uso de palabras que los motiven a mejorar, ellos responderán del mismo modo.

Muchos niños llegan a la juventud tan desanimados, que nada los motiva a establecer sus metas, y por ende no saben lo que va a ser de sus vidas. Pues desde niños escucharon palabras que los llevaron al desaliento, proveyendo la base para unas realidades no muy alentadoras. No obstante, esto no tiene que ser así. Pues ellas pueden tornarse en realidades positivas. Pero por lo general los niños y los jóvenes son subestimados, y sin medir las palabras, los juzgamos y los condenamos sin saber el por qué de su conducta. Pero si les demostramos que ellos tienen valor para nosotros, ellos nos pueden dar grandes sorpresas.

¿Y cómo ellos conocerán nuestras intenciones si no a través de las palabras? Las palabras tienen peso y medida. Un ejemplo de esto fue el de mi propio padre. Según el me contó, desde que era muy pequeño su papá comenzó a usar palabras humillantes al dirigirse a él debido a que su comportamiento era diferente al de los demás niños de su edad. Pues no le gustaba mucho el jugar, sino que era un pensador. Y al llegar a la juventud, seguía siendo igual. Le gustaba observar todos los aspectos de la naturaleza y meditar en ello. Pero para su padre, eso no tenía valor.

Mi abuelo quería que él fuera una persona agresiva hacia la vida. Que saliera con amigos y que fuera a fiestas. Que se enamorara como los demás. Que tomara licor para que se convirtiera en un hombre, como creían algunas personas en el pasado. Por eso usaba palabras denigrantes en el esfuerzo por ver si él despertaba a la realidad de lo que ellos llamaban la vida, y ésto lo llevó a desarrollar una baja autoestima lo cual lo llevó a ser muy tímido e introvertido. Y aunque en verdad fue una persona muy inteligente, ya que estaba lleno de talentos y habilidades, nunca se consideró como tal. Y esto no le permitió el ser una persona exitosa aún siendo muy talentoso

El uso de palabras groseras y humillantes, ha llevado a muchos padres a perder a sus hijos. Pues al sentirse humillados, al llegar a su mayoría de edad, se convierten en hijos rebeldes. O tal vez se conviertan en personas introvertidas, y acomplejadas, como el caso de mi padre.

Como maestra que fui por más de treinta años, pude ver niños y jóvenes mejorar su conducta con sólo haberles mostrado respeto al medir las palabras con las que los iba a corregir. Hay que reconocer que los niños están en el proceso de aprendizaje, y debemos utilizar todas sus acciones, ya sea para corregirlos, o para alabarlos. Hay que usar palabras alentadoras en el proceso de la disciplina.

Conozco el caso de una mujer que desde muy niña su mamá usaba palabras tales como: "No seas idiota", "Tú no sirves para nada", "No sé que va a ser de ti." Y otras expresiones parecidas a estas, que la llevaron a desarrollar un complejo de inferioridad a tal grado que se consideraba la más bruta, fea e ignorante de todas la muchachas de su edad.

Sin embargo, después de algunos años, llegó el momento que así como el patito feo levantó vuelo y dejó a los demás sorprendidos, esta persona también se superó; pues resultó ser muy estudiosa y también muy talentosa. No obstante, a no haber sido por el complejo de inferioridad que había desarrollado a muy temprana edad, su niñéz y su adolescencia hubiesen sido más agradables y exitosas.

Como he venido diciendo, las palabras son poderosas, ya que pueden traer resultados positivos, tanto como negativos. Ya les he presentado algunos ejemplos de los resultados negativos que producen las palabras negativas, y ahora me propongo presentarles lo que puede suceder al usar palabras alentadoras.

Un ejemplo de lo que vengo diciendo es el siguiente: Mi hijo menor que solo contaba con 8 años de edad, por motivo de mi divorcio de su padre, (a quien él adoraba) por un intervalo de tiempo se convirtió en un niño con problemas de conducta. Pues comenzó a sentir coraje, por lo cual era explosivo al contestarme cuando le hablaba. También bajó sus calificaciones en la escuela, y se jactaba de que era un niño malo.

Cuando lo escuchaba expresarse de este modo, le decía:

"No, no, no. Tú no eres un niño malo porque tu eres una criatura de Dios, y Dios no hace porquerías. Tú, a veces cometes travesuras, pero no eres un niño malo como tú dices."

Y poco a poco le iba subiendo su estima; pues no perdía ninguna oportunidad para hacerlo sentir que el tenía mucho valor para mí. Y también le expliqué que aunque su padre y yo no estuviéramos juntos, él seguía siendo su hijo. Créanme que su conducta fue cambiando gradualmente, mediante el alabarlo por lo bueno que hiciera, y corregirlo por lo no muy bueno, hasta llegar a ser un hombre con unos valores claros.

Y otro incidente en el cual tuve que usar la palabra suave pero firme es el siguiente: Uno de mis estudiantes del décimo grado, al pedirle que se concentrara en su trabajo, me respondió muy groseramente. Lo ignoré por el momento, pero lo cité a una conferencia.

Cuando vino a la cita le dije:

> "Dime una cosa, ¿En algún momento has sentido que yo te he faltado al respeto? Porque si es así, quiero pedirte disculpas."

Y me contestó, que no. Entonces le dije:

> "Pues yo tengo la impresión que al llamarte la atención esta mañana me faltaste al respeto por la forma en que reaccionaste. No es así?

Entonces me dijo que lo disculpara. Y aproveché la oportunidad para poner las cartas sobre la mesa, con autoridad, pero con respeto, no sin antes realzar las virtudes que había observado en él, y luego le di un consejo en cómo se debía dirigir hacia las demás personas. Desde ese momento, vino a ser uno de mis mejores alumnos.

Otro incidente de los muchos que he experimentado, sucedió en una escuela superior en Florida. A medida que llegaban los estudiantes, yo los iba saludando. Y al llegar cierta jovencita, noté en su rostro algo raro; no supe si era tristeza, o si era disgusto. Y al saludarla, me contestó el saludo, pero en forma fría y despreciable.

Al otro día hice lo mismo. Muy sonriente la saludé, y le pregunté cómo estaba, y me contestó, pero aún se notaba algo disgustada. Y así hice por dos o tres días. Y a medida que pasaba el tiempo iba notando en ella, un mejor semblante.

Entonces aproveché el momento y le dije:

> "Juanita, ¿me podrías hacer un favor? Digo, si así lo deseas"

Al decirme que sí, la envié a la oficina a llevar una nota a la secretaria. Pero al regresar, me sorprendió con la siguiente pregunta:

> "¿De veras yo le caigo bien a usted? "¿Por qué no?"
> Le contesté.

> Y me dijo: "Usted ha sido la única persona a la que yo le he caído bien."

Esas palabras me dieron a entender que su actitud pudo haber sido el resultado de un círculo vicioso. O sea, la actitud de alguien en su vida, tal vez había provisto para su mala actitud, dando como resultado que esta mala actitud proveyera para que otros mostraran una mala actitud hacia ella.

Y lo sorprendente del caso fue que desde ese momento su relación con los demás estudiantes comenzó a mejorar. Pues anteriormente, no era así, sino que ella se mantenía separada de los demás alumnos.

Y el último de los muchos episodios donde he experimentado el poder de las palabras tuvo que ver con una de las estudiantes de una escuela superior en Puerto Rico, donde fui enviada a ocupar la posición de una maestra que estaba por retirarse, y esta sería mi primera experiencia en el nivel superior.

Al llegar, la maestra saliente me indicó que tuviera cuenta con una estudiante en particular, porque según ella y varios estudiantes, esta jovencita era muy problemática. Pues había llegado a Puerto Rico desde los Estados Unidos, y desde que entró a la escuela varios años atrás tenía problemas de conducta.

Con todas esas especificaciones, cometí el error de ignorarla al llegar a la sala de clases. Pues ella llegaba y se sentaba aislada de los demás, pero hacía muy buen trabajo, ya que ella dominaba el inglés bastante bien. Pero unos meses después de haber comenzado las clases, los estudiantes llegaron un poco descontrolados, y se me ocurrió decirles que iba a escribir el nombre del estudiante que hablara en la pizarra, lo cual sería un aviso, y si continuaba hablando, le iba a poner una marca de cotejo, y a las dos marcas, le iba a enviar una carta a su casa.

Cuando la estudiante oyó lo que dije, decidió retarme. Pues se movió de donde estaba, se sentó detrás de otra estudiante, y comenzó a hablar con ella. Al verla, escribí su nombre en la pizarra. Y al ver su nombre se levantó de su asiento y me dijo:

> "¿Y qué estupidez es esa?"

Al preguntarme, no le respondí, sino que le agregué una marca de cotejo al nombre, pero ella no se dio por vencida, sino que me dijo que lo que yo estaba haciendo era una estupidez. Esta vez, tampoco le contesté, sino que le puse la segunda marca.

Al terminar la clase preparé la carta para enviarla a su casa, y se la di a la maestra del salón hogar para que se la entregara. Al otro día, al recibirla, salió del salón de su maestra y llegó al mío. Se paró a la puerta y me dijo:

"¿Por qué insiste en esta estupidez?

En otras palabras, ella me estaba llamando estúpida; pero le dije:

"Yo no tengo nada que discutir contigo, sino con tu mamá. Así es que, aquí te veré con ella mañana."

Al día siguiente llegó su mamá a hablar conmigo, y al saludarla me preguntó qué había sucedido con su hija y le contesté que en la oficina de la principal era que nos íbamos a reunir, y ahí se iba a enterar de lo sucedido. En el camino hacia la oficina me dijo que su hija había tenido un carácter fuerte desde muy niña.

Al llegar a la oficina, la directora de la escuela nos mandó a sentar para comenzar la conferencia, y enseguida me pidió que tomara la palabra, pero le dije:

"Antes de yo hablar me gustaría que la estudiante tomara la palabra."

Y así lo hizo.

Cuando comenzó a hablar me dejó pasmada con todo lo que dijo de mí. Me acusó de que yo la tenía en un segundo lugar, de que para mí otras estudiantes eran más importantes que ella. Además dijo que yo la ignoraba cuando levantaba la mano para participar en la clase. Lo cual era mentira.

Ella nunca levantaba la mano para nada. Y como le había dicho, se sentaba aislada. Y yo, por la poca experiencia, me dejé guiar por lo que me había dicho la maestra saliente, y en parte me sentí culpable. (Quiero que quede claro que la actitud que yo había asumido, fue simplemente para evitar el provocarla para que no se manifestara lo que me habían informado sobre ella.)

Pero pensé que nunca es demasiado tarde para enmendar nuestros errores. Y dije:

> "Quiero pedirle disculpas a Victoria, pues aunque yo no estaba conciente de sus observaciones y análisis de mi conducta, así ha sido que ella me ha juzgado. O sea, para ella, eso ha sido así."

Pero además dije que quería darle un consejo, y dirigiéndome a ella le dije:

> "Tú tienes todo lo que se necesita para triunfar en la vida. Tienes belleza e inteligencia, y además eres bilingüe. Pero hay algo en ti que tienes que mejorar, ya que te puede afectar adversamente toda tu vida, y son tus actitudes. Si te hubieses acercado a mí con tus inquietudes, y demostrado que estabas dispuesta a participar, y a ayudarme con la clase, jamás hubiese rechazado tus buenas intenciones; pues ese es mi mayor anhelo: el ver a mis estudiantes participar en todo."

Demás está decirles que esta muchacha jamás fue la misma. Y un poco más adelante me sorprendió con un gesto de amistad, cuando al entrar por el portón de la escuela vino muy ligerito, y me abrazó. Algo que no era común en ella.

Si yo me hubiese puesto a la defensiva al tratar con el asunto, no hubiese logrado mucho. Pues aunque esta joven había demostrado una conducta difícil de manejar durante los años anteriores, después de esta experiencia ella fue diferente. Pues como he dicho, las palabras moldean realidades.

Una realidad es algo que es un hecho. Algo genuino, pero si resumimos lo que he venido diciendo, nos daremos cuenta, que hay realidades positivas y negativas. ¿Pero será posible moldear realidades? Creo que sí.

Como les he presentado, hubo casos en que una actitud negativa se convirtió en una actitud positiva. Quiere decir que es posible que al usar palabras positivas, las realidades negativas se tornen en positivas, aunque los resultados no ocurran de inmediato.

Por eso no debemos usar adjetivos negativos, ni denigrantes con los niños, sean los propios, o de otras personas. Sigo insistiendo que no hay que insultar para corregir. ¿Y cuál será el resultado a largo plazo del haber usado palabras alentadoras? Que esto se convertirá en una reacción en cadena. Pues buenas actitudes, provocarán buenas actitudes, aunque por el momento se piense que no.

Midamos las palabras antes de corregir a nuestros niños, reconociendo que LAS PALABRAS MOLDEAN REALIDADES

Capítulo 7

EL PREMIO DE LA CONSTANCIA

Muchas veces creemos haber perdido el tiempo mientras criamos a nuestros hijos. Y tememos razón de sentirnos así. Pues aún yo, a veces creí haber perdido la batalla. Pero no di pie atrás, sino que arrecié con carácter y firmeza, hasta lograr lo que me había propuesto hacer. Pero lo que uno no sabe es que cuando menos lo esperamos, ellos mismos nos dan sorpresas.

A través de toda mi vida como madre, mis hijos me han premiado. Desde muy pequeños les dije que yo no creía en la idea de que hay que regalarme el Día de las Madres, o en cualquier otra ocasión especial. Y no me malinterpreten. Hacer algo así es muy bonito.

Pero desde muy niña había notado cómo algunos hijos hacían sufrir a sus madres todo el año, y el Día de las Madres llegaban con un regalote para ellas; se lo entregaban, y comenzaban a celebrar con licor provocando situaciones que las hacían sufrir. Por eso les dije a mis hjos que el mejor regalo para mí era el que se portaran bien, no solamente en mi presencia, sino en cualquier lugar.

Además les dije que para regalar no era necesario esperar una ocasión especial, sino suplir la necesidad del momento. Los hice concientes de que si algún día veían que yo estaba atravesando por alguna dificultad financiera y me daban la mano, lo consideraría como el mejor de los regalos.

Lo sorprendente ha sido que ellos no se olvidaron de este asunto, sino que cuando me notan que tengo alguna necesidad o situación, ellos, de una u otra forma, me han sido de bendición en mi vida.

Otro de los premios que he recibido ha sido la forma en que los maestros de mis hijos me han hablado con relación a su conducta. Uno de estos casos fue el siguiente. El año después de uno de mis hijos haber terminado la escuela intermedia, fui enviada a trabajar a la escuela de donde se había graduado mi hijo el año anterior. Al presentarme, una maestra notó que mi apellido era igual al de uno de sus estudiantes del año anterior, y me preguntó si era un familiar mío.

Al reconocer el nombre le dije que era mi hijo. Y ella me dijo estas palabras:

> "Yo fui su maestra el año pasado, y cuando observaba a ese jovencito, pensaba: ¿De dónde habrá salido ese muchacho con tan buena conducta."

Pues ella no podía entender cómo un joven de diez y seis años, fuera tan bien comportado. Verdaderamente me sentí premiada.

Otro gran reconocimiento me llegó de parte de mi hijo mayor el cual, al terminar su período de adiestramiento en la Marina, me sorprendió con un gran premio al enviarme una tarjeta postal muy bonita, pero lo que verdaderamente me impresionó fueron unas palabras que con su puño y letra escribió en ella, lo cual lee así:

> "Para la madre que me enseñó a ser un hombre."

Al preguntarle por qué me escribió esas líneas me dijo que al ver algunos muchachos sin disciplina, otros llorosos porque no se podían adaptar, y así sucesivamente, y él se sentía tan seguro de sí mismo, y tan disciplinado, tuvo que reconocer que fue el resultado de mi labor.

En una ocasión, mientras almorzaba en la cafetería de una de las escuela donde trabajé, habían unas compañeras hablando pestes de los jóvenes de hoy día. Entre una cosa y la otra escuché a una decir:

"Los jóvenes de hoy día no son ángeles."

Pero no me pude quedar callada, sino que le dije:

"Pues yo sí, tengo un ángel en mi casa."

Y ella me contestó diciéndome que yo no sabía lo que él hacía fuera de mi casa.

Entonces le comuniqué que ese hijo y yo teníamos una relación muy bonita. Y le expliqué que al mudarnos a la Florida, comenzamos a trabajar, y aunque no ganábamos mucho dinero, compartíamos los gastos en forma equitativa. Este hijo a penas salía de la casa, y cuando lo hacía era para ir a jugar Baloncesto por no más de dos horas; o para ir a comprar algo que necesitara. Nunca llegó embriagado, ni endrogado. Y podíamos discutir las situaciones que surgieran en una forma educada.

La señora entonces me dijo:

"Verdaderamente tú tienes un ángel en tu casa."

Lo que ella no supo fue que para conseguir esta conducta, tuve luchas y retos que vencer, lo cual redundó en su buen comportamiento. Un comportamiento que era admirado por los demán.

Este mismo joven, antes de mudarnos a la Florida, lo dejé en la casa por cinco semanas, para dar un viaje a los Estados Unidos durante mis vacaciones de verano, y al regresar, una de mis vecinas me dijo:

"Verdaderamente tú tienes un santo hijo, porque durante todo ese tiempo que te fuiste, ahí no se sintió nada fuera de lo normal, aún cuando sus amigos venía a visitarlo."

En otra ocasión mi hijo menor se unió a un equipo de Baloncesto del pueblo al que pertenecíamos, y una tarde el encargado del equipo me llamó para felicitarme por el hijo que tenía. Y me confesó, que la forma de tratar a los demás del equipo era muy sobresaliente. Pues era muy cortés y considerado con los demás.

Lo sorprendente es que este mismo joven, cuando pequeño mostraba señales de que iba a ser de un carácter fuerte. Pues era dominante y exigente, además de un poco malcriado. Pero dejó pasmados a muchos, ya que a medida que iba creciendo, con el método que utilicé, pude lograr que saliera un ser con muy buenos sentimientos, respetuoso y responsable.

Este mismo fue el que se atrevió a recordarme lo de la Ley del Maltrato de Menores que le presenté en uno de los capítulo anteriores. Lo digo para darle esperanza de no perder el ánimo si sus hijos muestran resistencia hacia la disciplina.

Si fuera a escribir todos los incidentes en los cuales he visto el sometimiento, el respeto y la consideración que mis cuatro hijos me han dado, y cómo lo he conseguido, el libro sería demasiado extenso. Solamente me he limitado a estos ejemplos para fortalecer la idea, que si comenzamos la tarea de *moldear vidas desde la cuna, y somos firmes y constantes, pero amorosos, comprensibles y respetuosos* con ellos, podremos cosechar una satisfacción que no tiene fronteras. Pues los hijos, al llegar a una edad adulta, y al verse libres de problemas, vivirán agradecidos de nosotros por toda la vida, lo cual los llevará a amarnos entrañablemente.

Es importante saber que existen factores fuera de nuestro alcance, que pueden impedir el éxito en la crianza de los hijos. Por eso se debe observar a nuestros hijos de cerca, y analizar todos sus movimientos. Pues puede ser que su conducta descontrolada tenga que ver con un problema físico, neurológico o psicológico. Por lo tanto, si usted trata por todos los medios con la conducta de su hijo, y no ve un resultado favorable, busque ayuda profesional.

No obstante, mi consejo es que no se debe de ser fatalista para creer que no vale la pena tratar con la conducta del muchacho. Pues si a pesar de todo, no logramos lo que perseguimos, nos debe quedar la satisfacción de que hicimos lo que pudimos. De esta forma no nos quedará el cargo de conciencia para que nos persiga por toda la vida.

Yo, personalmente, viviré agradecida a Dios por haberme escuchado la petición que le hice, dándome la sabiduría para desarrollar unas estrategias que me ayudaron a levantar a mis hijos, que no creo fueron perfectos, como sigo diciendo, pero sí, disciplinados, lo cual ha sido EL PREMIO DE MI COSNSTANCIA.

Capítulo 8

CONSEJOS PRÁCTICOS

En el esfuerzo por criar hijos responsables, honestos y serios con una alta estima, tuve que ser bastante exigente y muy firme en mis convicciones. Por eso a continuación les presentaré algunos consejos específicos, que posiblemente les pueden ser de ayuda.

Consejo número 1

A los hijos hay que ayudarlos a desarrollar un sentido de aceptación y respeto hacia ellos mismos.

Es muy penoso observar a tantos niños y jóvenes que diariamente son víctimas de otros muchachos que, tal vez por sentirse inferiores o superiores a ellos, se han dedicado a molestarlos y a fastidiarlos. Esto ha llevado a muchos aún a quitarse la vida, al no poder soportar las humillaciones a las que son expuestos. Por eso es necesario que desarrollemos en ellos una estima propia alta, para que los comentarios que pudieran surgir acerca de ellos, no les afecten.

A mis hijos yo les aconsejaba a que no se preocuparan por lo que los demás pensaran de ellos. Que lo importante era el estar seguros de que ellos sabían quienes eran, y además debían sentirse orgullosos de ser quienes eran, porque el tiempo era el mejor amigo del hombre, y este a la larga, demostraría la realidad de los hechos.

Esta información los llevaba a que le resbalara lo que otros pudieran pensar, o decir de ellos. Pues según el refrán, la crítica es social. Pero también les enfatizaba que no pagaran con la misma moneda, sino que se mantuvieran al margen de esa costumbre.

Consejo número 2

Debemos ayudar a nuestros niños a respetar las diferencias individuales de cada cual.

La falta de respeto hacia las personas de diferentes razas, o grupos étnicos, o la falta de consideración a las personas con algún defecto físico, ha sido una de las causas de muchas desgracias en escuelas y comunidades. Pero por lo general, las personas mayores son muy culpables de esto. He oído a muchos adultos denigrando la gente de este, o aquel país, o de esta, o aquella raza. O encontrándole falta a las personas.

Los niños no tienen noción de las diferencias raciales, o étnicas. Ellos lo mismo juegan con unos, que con los otros. Pero a medida que van escuchando comentarios negativos de alguien, con relación a ciertas personas por ser de este o aquel grupo, o de este o aquel país, y ellos tienden a adoptar la misma actitud. Así cometen la imprudencia de denigrar a otros, o de criticarlos y humillarlos, resultando en un conflicto muy serio.

Algo que se puede hacer es llevarlos a observar la naturaleza. En ella podemos ver mucha variedad. Los árboles no son todos iguales. Y lo mismo se puede decir de las flores, las piedras, los cuerpos de agua, las nubes, los animales, los peces, etc, etc. Y lo mismo sucede con la gente. No todos somos iguales físicamente hablando, pero todos somos el complemento de unos para con los otros. Pues todos nos necesitamos.

No quiere decir esto que vamos a ser amigos íntimos de todas las personas, pero aunque no nos interese la amistad de alguien de otra raza, no obstante, hay que respetarlo.

Cuando aún era una niña, al oír a otros niños buscándole faltas a los demás, yo me decía para mis adentros que nosotros no teníamos la culpa de haber nacido de la forma que éramos. Pues nadie tiene la culpa de haber nacido donde nació, ni haber nacido de este o aquel color, o este o aquel tamaño; y así sucesivamente.

Por lo tanto, nunca me atreví a hacer algo así, lo cual digo con orgullo. Hay que hacer concientes a los niños de esta información para que aprendan a respetar las diferencias individuales de los que le rodean.

También hay que desarrollar en ellos el sentido de respeto hacia los que tengan algún defecto físico, y además despertar en ellos compasión y consideración hacia las necesidades de estos.

Algo que yo le decía a mis hijos era, que se cuidaran de hacer burla y mofa de los demás, porque algún día ellos iban a ser padres, y podían correr el riesgo de que en el futuro sus hijos también fueran motivo de burla.

Consejo número 3

La mentira no se debe permitir.

Los niños por lo general atraviesan por un período de fantasías. En esta etapa, ellos se imaginan cosas y las dicen como si fueran ciertas.

¿Pero querrá decir esto que no debemos sacarlos de esa fantasía? Pues yo personalmente creo que sí. De otra manera esto se convertiría en un mal hábito, que posiblemente sea difícil de erradicar.

Debemos asegurarnos de que los hijos digan la verdad. No hay cosa más desagradable que una persona mentirosa. Por eso a mis hijos, desde muy temprana edad les decía que si por casualidad incurrían en alguna desobediencia, o cometían alguna imprudencia, que me lo dijeran tal como había sucedido porque si me enteraba, iban a sufrir doble castigo: uno por el incidente, y otro por la mentira; pues la verdad, tarde o temprano, saldría a la luz.

No obstante, hay que tener cuidado en esto, ya que se debe de estar dispuesto a concederles una segunda oportunidad. Pues si cada vez que hacen algo uno los castiga duramente, ellos tratarán de evitar que usted se entere. Además, debemos tomar en consideración que ellos están creciendo, y madurando, y el cometer errores es común a ellos.

Uno de mis niños, cuando tenía más o menos cinco años, le decía a la tía: (que era la persona que lo cuidaba)

"No me des comida que yo voy a comer en casa."

Y cuando llegaba a casa me decía:

"No me des comida que yo comí en casa de Tití."

Y al cabo de una semana, mi cuñada me preguntó que si él comía en casa cuando llegaba. Y al decirle que el me decía que comía en su casa, ella me dio a entender que nos estaba mintiendo a las dos. Desde ese momento decidimos no creerle nada de lo que dijera, lo cual hicimos por unos cuantos días. Y esto lo llevó a sentirse molesto, hasta que un día explotó de la siguiente manera:

"Ay Dios mío, ¿por qué yo diría aquella mentira?

¡Ahora no me creen na!" (nada)

Entonces le dije:

"Es por eso que no se debe de mentir, ya que los demás perderán la confianza en uno, y eso nos puede llevar a pasar malos ratos."

Y de esta y otras formas, iba logrando que mis hijos fueran honestos, al extremo, que aún prefieren perder, a tener que mentir.

Hace unos años, uno de mis hijos vino con sus niños a pasar sus vacasiones en la Florida. Al llegar a comprar los boletos para entrar a las atracciones en Orlando, se le presentó una gran oportunidad para conseguir unos boletos gratis, si se comprometía a escuchar una charla sobre la compra de apartamentos, pero tenía que decir que ganaba más de lo que realmente ganaba.

Un joven que allí estaba, le aseguró que esa gente no verificaban si era cierto o no. Por el momento él aceptó, pero comencé a notarlo algo intranquilo, y eso me dio la espinita de que estaba preocupado por la mentira que tenía que decir al presentarse a la charla. Al preguntarle me confirmó lo que sospechaba al decirme:

> "Ay Mami, los principios que tú me enseñaste, no me permiten el mentir. Pues no me siento cómodo con sólo pensar que tengo que decir esa mentira."

Y decidió perder esa oportunidad.

Esta experiencia me sigue confirmando, que no perdí mi tiempo al tratarlos de guiar a ser honestos. No obstante, puede ser que alguien lo juzgue como idiota, pero no hay cosa que dé más satisfacción, que el sentirse bien con uno mismo. El que anda con la verdad es libre, porque la verdad lo hace libre. Mas el que se dedica a mentir para conseguir beneficios, se convierte en esclavo de esa mentira, dando como resultado el sentirse preocupado al pensar que puede darse el caso que su mentira salga a la luz.

Consejo número 4

Haga a sus hijos concientes de que la falta de respeto, no se tolera.

Este es un asunto muy delicado, ya que todos tenemos el mismo derecho de ser respetados. Pero lamentablemente, muchos adultos no muestran nada de respeto hacia los más chicos, los cuales a su vez no le mostrarán respeto hacia ellos, al igual que a cualquier otra persona. Por lo tanto, desde que los niños son muy tiernos, los debemos hacer concientes de esto con nuestro ejemplo.

Hay que mostrarles respeto a nuestros hijos, y además vigilar todos sus movimientos. Como por por ejemplo, el observar cómo tratan a sus hermanos, a sus amigos y compañeros de juego. Pues muchos de ellos, desde muy pequeños quieren dominar el ambiente, los cuales tratan por todos los medios de que nadie les robe la atención hacia ellos. Mas para mí no habían edades, sino que estaba muy pendiente que mis hijos no cometieran injusticias unos a los otros.

No obstante hubo momentos en que se desataba un pequeño conflicto entre ellos, pero no duraba mucho; pues yo entraba al panorama y los hacía razonar; y a medida que iban creciendo, demostraban que habían desarrollado respeto por sus hermanos, al igual que por las demás personas.

En mi casa, la repetición de la regla de oro: "No le hagas a nadie lo que no te gusta que te hagan", era la orden del día. Si estuviéramos más concientes de lo que esta regla significa, no habría tanta injusticia en el mundo. Pues esta es la clave del respeto mutuo.

Consejo número 5

Evite el regañar o castigar a sus a sus hijos en público, a menos que sea algo imperante.

Cuando los hijos ya son grandecitos, ellos se abochornan al ser regañados en público. Por lo tanto debemos considerarlos, y evitar el censurarlos delante de la gente. No obstante hay momentos en que amerita el que se haga así. Pues si en alguna forma le faltan al respeto a otra persona, o a usted mismo delante de todos, hay que corregirlos en ese instante. Pues si ellos nos violan nuestros derechos, y nos faltan al respeto delante de la gente, hay que demostrarles que los suyos también serán violados.

Pero si fuere algo que no tiene que ver con lo dicho anteriomente, espere que estén solos, y llámele la atención en privado, con seriedad y firmeza, sin ofenderle su moral. Evalúe si lo que han hecho, ha sido algo que amerita o no, el corregirlos en público. Y de esta forma ellos comprenderán que son valiosos para sus padres, y actuarán con el mismo respeto.

Consejo número 6

No permita que lleguen a su casa con artículos desconocidos, si no traen también una explicación convincente, y además comprobable.

Cuando mis hijos traían a la casa algún objeto desconocido, lo primero que hacía era preguntarles que de dónde lo habían sacado. Si no estamos concientes de estas pequeñeces, más tarde podríamos sufrir graves consecuencias. Pues por lo general los grandes ladrones comenzaron robando algo insignificante. Por eso este proyecto comenzó desde muy temprana edad. Cuando mi hijo Tito contaba con solo un año y medio de edad, se mudó detrás de mi casa una señora con cuatro hijas. Como no había una figura masculina en ese hogar, mi padre abrió un portón en la cerca de la parte de atrás de la casa, para que ellas tuvieran acceso a nuestra casa en caso de alguna emergencia o necesidad. Y a veces ellas se llevaban a mi niño para allá. Y una tarde, cuando lo llamé, noté que traía una pelota pequeña. Al preguntarle de quién era la pelota me dijo:

"A Shara."

Queriendo decir que era de Sara. Pero no perdí tiempo para corregirlo, sino que le dije:

"Pues vire hacia atrás y désela a Sara, que lo que no es de uno, no se toca."

Al Sara escucharme dijo:

"Deja que se la lleve, si eso no vale nada."

A lo que contesté:

"La bola tal vez no vale nada, pero la lección que estoy tratando de enseñarle, sí, significa mucho para mí."

E hice que la devolviera.

Y así los enseñaba a respetar la propiedad ajena. Pero el permitir a los niños hacer ciertas cosas porque son chiquitos y no saben, ha creado un problema serio en la crianza de los hijos. Pues casualmente hay que comenzar desde la cuna, como ya les había dicho. Ya pudieron ver cómo traté con el asunto de la pelota. Por eso ellos tenían una explicación para lo que trajeran a la casa.

Cuando ellos llegaban con algo que alguien le había dado, me decían:

"Mami esto me lo regaló Fulano, y si no me crees, pregúntale."

Algunas veces una de las tías le daba algo de dinero al más pequeño, y él le decía:

"Tití, llama a Mami y dile que tú me diste este dinero, pues tú sabes cómo es ella."

Y así ella lo hacía.

¿Y cual ha sido el resultado de esto? Que ellos están seguros de que lo que no es de ellos, no se coge. Con este aspecto de la disciplina no tuve gran problema, pues ellos respetaban la propiedad ajena desde muy tiernos.

Sin embargo, puede darse el caso que aún teniendo cuidado de que esto sea así, alguno decida apoderarse de lo ajeno. Es por eso que debemos de estar muy pendientes a lo que traen a la casa.

Muchas veces se tolera el que los niños lleguen con alguna cosa a la casa ya sea porque no es de mucho valor, o tal vez porque el niño no sabe por ser tierno. Pero no importa la edad, ni si el objeto es valioso o no; se debe hacer que lo devuelva. Pues haciendo esto, le vamos a ir desarrollando en ellos el sentido de respeto a los demás.

El no corregirlos a tiempo podría llevarlos a desarrollar la condición llamada cleptomanía, que para mí no es otra cosa que el resultado de no haber vencido el impulso de apoderarse de lo ajeno, lo cual se ha convertido en una dependencia psicológica.

Es por eso que tenemos que asegurarnos de que lo que los hijos traigan a la casa, se sabe a ciencia cierta de donde ha salido.

Consejo número 7

La falta de seriedad en los negocios tampoco se debe de tolerar.

No hay cosa más desagradable que una persona sin palabra. Con esto quiero decir, una persona que promete y no cumple. A veces creemos que a los niños por ser niños, se le debe de perdonar el no cumplir con lo que prometen. Pero eso es algo que se debe tratar desde muy temprana edad; de lo contrario, se puede convertir en un mal hábito.

El siguiente episodio es uno de los ejemplos de cómo trataba con este asunto. Uno de mis niños quiso vender su bicicleta a un compañero de escuela cuando aún estaba en segundo grado. Al llegar a la casa me dijo:

"Mami, vendí la bicicleta, a un nene de la escuela, pero como no tenía los $30.00, se la voy a aguantar hasta que tenga los consiga."

Yo no estaba de acuerdo con el precio, pues había costado $130.00 y estaba casi nueva; pero le dije que estaba bien. Y al día siguiente, llegó a casa con $30.00; y al preguntarle si ya el niño había conseguido el dinero, me dijo:

"No se la vendí a él; se la vendí a otro nene que tenía el dinero."

Tal vez usted me juzgue mal por la estrategia que utilicé, pero no se me ocurrió otra cosa, sino que lo monté en el carro e hice que fuera donde el niño al que él le había prometido la bicicleta, para que le diera una disculpa.

No se imaginan la lucha que sostuve con él. Pues no es fácil el confrontar a otra persona cuando le hemos quedado mal. Pero insistí hasta lograr lo que me había propuesto.

Al llegar al frente de la casa del niño el papá de éste se dio cuenta de lo que estaba sucediendo y me dijo:

"No te preocupes y olvídalo; pues tal vez fue lo mejor."

Pero le contesté lo siguiente:

"El asunto aquí no es si es lo mejor o no, sino la lección que le estoy queriendo dar a mi hijo, para que en el mañana sea un hombre de palabra. Pues no hay cosa más triste que una persona de esta índole. Tal vez otro padre hubiese dicho:

"¡Qué listo es mi hijo! ¡Fíjate como sabe de negocio!"

Pero el ser listo mediante el fraude o la falta de honor, no se debe de tolerar.

Consejo número 8

No permita que sus hijos desarrollen celo desmedido entre ellos.

¿Qué querrá decir la palabra celos? De acuerdo al diccionario, esta palabra quiere decir temor o sospecha de ser suplantado por un rival, con relación al afecto o a favores especiales. Esta idea ha llevado a muchos padres a cometer el error de que cada vez que le compran algo a alguno de sus hijos, ya sea porque lo necesita, o porque es una ocasión especial para ese hijo en particular, también le compran algo a los otros para que no sientan celos.

Pues para mí, el hacer esto puede ser contraproducente, ya que siempre esperarán algo, aunque no lo necesiten. Y esto puede convertirse en un conflicto; pues si en alguna ocasión los padres no tienen suficiente dinero para complacerlos a todos, tanto los padres como los hijos, van a sufrir.

Por lo tanto, desde que mis hijos eran muy pequeños, cuando iba a comprarle algo a alguno de ellos, ya fuera porque lo necesitaba, porque era su cumpleaños, o alguna ocasión especial, les daba una explicación a los demás, lo cual comprendían muy bien. Pues como ya habían sido enseñados así, para ellos esto era algo normal. Y a través del tiempo pude comprobar que esta estrategia funcionó muy bien, ya que nunca noté señales de celos entre ellos.

No obstante hay ser equitativos; pues el trato debe ser igual para todos. Cuando le llega el día especial a cada cual, debe ser tratado de la misma forma.

Consejo número 9

Hay que hacer énfasis en el respeto a la propiedad ajena, comenzando en el hogar.

¿Cómo te sentirás si alguien toma algo tuyo sin permiso? Para mí, eso es algo muy desagradable. Pues esta era la estrategia que usaba para guiar a mis hijos hacia el respeto a la propiedad ajena. Si no te gusta que te cojan algo que es tuyo, piensa en cómo se sentirá la otra persona. Así fueron guiados a respetar las pertenencias de los demás

En una ocasión una vecina me llamó para decirme que se había sorprendido con la honradez de uno de mis hijos que aún tenía diez años. Ese día él había estado en esa casa, y ella le había servido almuerzo, pero no se había fijado que su esposo le había dejado un billete de diez dólares encima de la mesa.

Y cuando mi hijo terminó de comer, llevó el plato al fregadero y se fue. Al ella regresar al comedor vio los diez dólares en la mesa y me llamó para decirme que no podía callar lo que había visto, pues otro muchacho tal vez los hubiera cogido. Y le respondí que mis hijos tenían muy claro, que lo que no era de ellos, se respetaba.

Lamentablemente hay hijos que aún le roban a sus propios padres. Por eso es que hay que comenzar bien temprano a fijar los valores en los hijos. Ya ustedes pudieron leer en uno de los capítulo anteriores, la estrategia que utilicé para lograr que uno de mis hijos, aún siendo muy pequeño, dejara de coger dinero de la gaveta de su papá. Tal vez si no lo hubiese corregido a tiempo, las cosas fueran diferentes.

Consejo número 10

Es importante desarrollar en los niños la capacidad de evaluación de su caracter mediante el uso de los valores que les hemos inculcado.

Esto los llevará a conocerse a sí mismos y así podrán lidiar con las diferencias individuales de los seres con los que han de convivir, ya sea en la escuela, el terreno de juego o en el trabajo.

Todos estamos concientes de la lucha de poderes que existe especialmente en las escuelas. La competencia es craza. Pero si los muchachos han aprendido a valorarse, a amarse y a respetarse a sí mismos, no sentirán celos, ni los perseguirá la envidia; pues se sentirán satisfechos con ellos mismos.

Estos consejos encierran más o menos un resumen de las estrategias presentadas en esta obra, las cuales con todo mi entusiasmo deseo les sirvan de guía en tan importante proyecto: LA EDUCACIÓN DE LOS HIJOS.

CONCLUSIÓN

Uno de los los Proberbios de Salomón dice así:

> "La vara de la corrección da sabiduría; mas el muchacho consentido avergonzará a su madre." (Prov. 29:15)

¿Y cómo podríamos evitar el ser avergonzados por nuestros hijos? Pues ayudándolos a desarrollar sabiduría.

El problema está en que ahora el usar la vara, como dice el proverbio, se ha convertido en algo muy controversial. Y ésto no es nada nuevo; pues esta controversia lleva años en el ambiente.

Pero ¿cuál será nuestra posición con relación a ésto? El utilizar sabiduría y dominio propio, a su vez los ayudará a ellos a adquirir sabiduría y a desarrollar su dominio propio que son virtudes necesarias para vivir vidas con dignidad e integridad.

La importancia que tiene el desarrollar respeto hacia ellos mismos es que ésto los puede guiar a evitar todo aquello que les pueda causar daño. Esta es la idea de guiarlos al desarrollo de los valores morales y espirituales: para evitarles sufrimientos tanto a ellos, como a nosotros.

Esta obra ha sido el producto de muchos años de haber tratado con niños y adolescentes particulares, al igual que con los míos propios; y el haber observado cómo, en términos generales, muchos niños y jóvenes no están demostrando disciplina, que es algo tan necesario para vivir vidas tranquilas, lo cual está llevando a muchos padres a la preocupación por el futuro de sus hijos en todas las áreas.

Esa es la razón por la cual he presentado esta información. Pues el propósito primordial es ayudarlos de alguna forma a enfrentar la lucha a la que han sido expuestos.

He aceptado este reto con la mejor intensión de que la información expuesta sirva de guía y motivación a muchos padres, ya que como madre comprendo la importante y delicada misión que nos ha sido delegada: LA DE MOLDEAR VIDAS.

APÉNDICE

Durante mi carrera como maestra es cierto que sufrí, como todo maestro, momentos de decepción. Sin embargo, hoy puedo decir con mucho orgullo que esos ratitos no fueron suficientemente fuertes para impedirme el disfrutar la remuneración de todos mis esfuerzos, no solamente para guiar a mis estudiantes a apreder la lección diaria, sino además a evaluar sus acciones para tratar con ellas en forma sabia. No hubo cosa más remuneradora para mí que el ver a aquellos estudiantes considerados problemáticos cambiar sus actitudes, con sólo dirigirme a ellos en forma amable y respetuosa.

Muchas veces pensamos que los muchachos hacen caso omiso a los consejos que les damos, pero mi experiencia ha sido que una gran mayoría de mis estudiantes tomaban su tiempo para dejarme saber, ya fuera personalmente o en alguna notita su evaluación de mi trabajo. Ojalá y las pudiera mostrar todas, pero me voy a limitar a presentar solamente algunas de ellas. Tal vez lo que les voy a decir con relación a los estudiantes que me escribieron la primera carta que les voy a presentar los va a sorprender.

Como yo estaba certificada para trabajar tanto en el nivel elemental como en el superior, el superintendente de escuelas me presentó el reto de relevar a una maestra que en ese año se jubilaba, la cual rehusó trabajar con ellos durante su último año por la forma en que se comportaban. Estas fueron sus palabras textuales:

"Rehuso trabajar mi último año con esos demonios."

Para mí esto fue algo muy doloroso de escuchar; no obstante pude comprender que después de 29 años de trabajo esta maestra se sentiera muy cansada y frustrada, para referirse sobre ellos de esa forma. Mi asombro por lo que ella dijo, se me tornó en compasión.

Acepté lo que he llamado el reto, ya que sería mi primera experiencia con jóvenes de la escuela superior. Pero no crean que fue fácil. Verdaderamente esos jóvenes eran muy difíciles de tratar, especialmente el grupo de mi salón hogar. Pero gracias a Dios por la sabiduría, la paciencia y el dominio propio con lo cual él me había capacitado, pude salir victoriosa.

Y el Día del Maestro de ese año escolar (1983-84) mi grupo de salón hogar (los llamados demonios) me sorprendió con un sencillo homenaje el cual agradecí mucho; pero lo que más me impresionó fue la carta que ellos me escribieron, la que después de 26 años aún conservo en mi poder, en la que, entre otras cosas, me dijeron lo siguiente: " ... *nos vistes caer y nos has ayudado a levantar*. Al leer esta expresión, lágrimas rodaron por mis mejillas.

A continuación está una copia de la carta que tal vez sea un poco dificil de leer por el tipo de letra que contiene.

CARTA NÚMERO 1

5/18/94

A la Sra. Pricilla Gotay:

Gotay, te damos gracias como maestra, por portarte con nosotros como si fuera nuestra madre, gracias por saber darnos un buen ejemplo como persona, gracias por comprendernos como nos has comprendido hasta ahora, porque en los momentos mas dificiles tu nos ha ayudado, nos has dado cariño y nos has ayudado a levantarnos, nos has dado animo para seguir adelante en la vida, y para ser buenos ciudadanos. Gotay nos apartamos de tu lado a fines de este mes, pero siempre te tendremos en nuestra mente, y te recordaremos con aquello, como amiga nos has orientado, nos has ayudado y te estamos agradecidos por todo.

Gracias una vez más, te queremos mucho y no te olvidaremos

Att. 1/3

97

CARTA NÚMERO 2

Esta carta fue escrita por una estudiante que acababa de llegar a Florida desde Mexico. Al llegar a mi sala de clases mostraba señales de ser una jovencita un poco desagradable. Pero a medida que fui tratando con ella, me sorprendió la forma en que respondía a mis consejos. O sea, sus actitudes comenzaron a cambiar a tal extremo que se convirtió en una de mis mejores alumnas; y al final del año escolar me escribió una carta; pero dado el caso que es muy larga me he concentrado en presentarles la última parte de la misma.

> y siempre que tengo un problema usted me ayuda a como resolverlo y me da consejos que como usted dise si uno lo quiere agarrar y si no que me saiga por la otra oreja yo siempre los agarro porque como usted dice que ustedes ya pasaron por alli. por eso la quiero mucho y la voy a extrañar por dos meses hasta que regrese y cuando a mi me toque graduarme la voy a extrañar demaciado porque usted es muy buena y siempre comprende a los estudiantes cuando uno tiene un problema. siempre la voy a querer y nunca la voy a olvidar y espero que usted nunca me olvide a
>
> Atte: Mónica Sánchez.
>
> I love you Miss Gotay.

CARTA NÚMERO 3

La carta que presento a continuación me la escribieron los estudiantes de una escuela en la Florida donde tuve el privilegio de enseñar español. Estos estudiantes no eran hispanos, por lo tanto está escrita en inglés. No obstante incluyo una traducción al español de la misma. Podrán notar que en los nombres de los estudiantes que aparecen escritos en la carta está el de Juanita García. Esta fue la alumna que me preguntó si era cierto que ella me caía bien a mí, de la que les hablé en el capítulo titulado *Las Palabras Moldean Realidades*.

> Buena Suerte   6-1-89
>
> To: Mrs. Gotay;
>
> Well, it's time for us to say Good Bye. We hate to leave you because you're such a sweet teacher. I hope that you will not forget your 7th period class: Ronald Thompson, Eleanor Scott, Juanita García, Mylene Smith, Belinda Graham, Cherush Ines, Michelle Pullen, Wren Espinosa, Patricia Madrigal, Brad Parker, Vincent Hyatt, Anthony Taylor, Tracie McPherson, Shari Roberts, Patti Elzey. Even though we were bad at times, we still appreciate everything you tried to do for us. Believe it or not our class learned a lot of Spanish.
>
> When you go back to Puerto Rico tell your students that the kids over here are great. So, don't forget we are going to miss you dearly. We really do hate to see you leave because you're the best Spanish teacher Moore Haven Jr. Sr. High School ever had. You're such an open and kind hearted person. You don't only act like a school teacher you also act as a friend. That's one of the good qualities you have so don't ever lose that special quality.
>
> Nice having you as a teacher. Good luck in Puerto Rico.

99

TRADUCCIÓN DE LA CARTA ARRIBA PRESENTADA:

Señora Gotay:

Bueno, ya es hora de decir adios. No nos gusta la idea de verla alejarse de nosotros porque usted ha sido una maestra muy dulce. Esperamos que nunca se olvide de sus estudiantes de su Séptimo Período de clases.

(aquí la carta contiene los nombres de cada uno de los estudiantes que al final estampan sus firmas.)

Aunque hubo momentos en que nos comportamos mal, siempre apreciamos todo lo que usted trató de hacer por nosotros. Aunque no lo crea, nuestra clase aprendió mucho español con usted.

Cuando regrese a Puerto Rico, dígale a sus estudiantes que los muchachos de acá somos maravillosos. Y sepa a ciencia cierta que nosotros nunca la vamos a olvidar. Realmente odiamos la idea de que se tenga que ausentar porque consideramos que usted ha sido la mejor maestra de español que la escuela Moore Haven ha tenido.

Usted es una persona de un corazón bondadoso. Usted no solamente actúa como maestra, sino además como una amiga. Esa es una de las buenas cualidades que usted tiene; nunca pierda esa cualidad especial.

Fue muy bueno tenerla como maestra. Buena suerte en Puerto Rico.

¡Y cómo no me voy a sentir orgullosa de haber trabajado con niños y jóvenes a través de tantos años! No obstante mi orgullo no está basado primordialmente en las evaluaciones recibidas por mis superiores, sino por el concepto que los estudiantes tenían de mí como persona y como educadora. Esto ha confirmado la idea de mi mamá que desde que aún era muy joven, me recarcaba que yo iba a ser MAESTRA.

Después de haber trabajado con jóvenes por tantos años, y haber observado cómo ellos se sometían a mis exigencias, y al ver cómo muchos de ellos cambiaban sus actitudes con sólo darles un consejo con respeto y consideración, surgió en mí la inspiración de escribir el siguiente poema.

DEFENSA A LA JUVENTUD
POR *PRISCILA GOTAY*

Hoy en día mucha gente, debido a sus prejuicios
piensa que los jóvenes no están mostrando virtud;
mas mi propia experiencia al tratar con muchos de ellos
me ha llevado con empeño a defender la juventud.

Yo he tenido la dicha de estar muy cerca de ellos
por ser una educadora que ha honrado su misión;
y he notado cuanto saben de la vida y su luchar
y cómo tratan a diario con su buena educación.

Es muy triste escuchar cómo algunos los juzgan
sin darles la oportunidad de probarles con sus hechos
que no todos por igual se conducen sin valores,
pues aún hay muchos de ellos que respetan los derechos.

No debemos olvidar que muchos de ellos son
el penoso resultado de miseria y mal ejemplo,
que les impidió llegar a desarrollar valores
necesarios en la vida para el buen comportamiento.

Es apremiante que aquellos adultos que los rodean,
en lugar de criticarlos y denigrar su caracter
deben de tomar su tiempo y ayudarlos a crecer
para que con su ejemplo ellos puedan aprender.

Por lo tanto los maduros debemos estar concientes
de esta grande realidad para no juzgar jamás,
sin conciencia y sin amor a esta gran comunidad;
pues si todos cooperamos, ellos lo agradecerán.

www.ingramcontent.com/pod-product-compliance
Ingram Content Group UK Ltd.
Pitfield, Milton Keynes, MK11 3LW, UK
UKHW022223230426
12048UKWH00016BA/1021